# CURSO LIVRE ENGELS

ALYSSON LEANDRO MASCARO
JOSÉ PAULO NETTO
MARÍLIA MOSCHKOVICH
RICARDO ANTUNES
VIRGÍNIA FONTES

# CURSO LIVRE ENGELS

## VIDA E OBRA

© Boitempo, 2021

*Direção-geral* Ivana Jinkings
*Organização* Kim Doria
*Edição* Pedro Davoglio
*Coordenação de produção* Livia Campos
*Assistência editorial* Carolina Mercês
*Preparação* Mariana Echalar
*Revisão* Sílvia Balderama Nara
*Diagramação* Antonio Kehl
*Capa* Maikon Nery

*Equipe de apoio* Camila Nakazone, Débora Rodrigues, Elaine Ramos, Frederico Indiani, Higor Alves, Isabella Meucci, Ivam Oliveira, Lígia Colares, Luciana Capelli, Marcos Duarte, Marina Valeriano, Marissol Robles, Marlene Baptista, Maurício Barbosa, Raí Alves, Tulio Candiotto, Uva Costriuba

CIP-BRASIL. CATALOGAÇÃO NA PUBLICAÇÃO
SINDICATO NACIONAL DOS EDITORES DE LIVROS, RJ

C986

Curso livre Engels : vida e obra / Alysson Leandro Mascaro ... [et al.]. - 1. ed. - São Paulo : Boitempo, 2021.

ISBN 978-65-5717-090-8

1. Engels, Friedrich, 1820-1895. 2. Filósofos - Biografia - Alemanha. 3. Marxismo. 4. Socialismo - História. I. Mascaro, Alysson Leandro.

21-72930

CDD: 921.3
CDU: 929:1(430)

Camila Donis Hartmann - Bibliotecária - CRB-7/6472

É vedada a reprodução de qualquer
parte deste livro sem a expressa autorização da editora.

1ª edição: novembro de 2021

BOITEMPO
Jinkings Editores Associados Ltda.
Rua Pereira Leite, 373
05442-000 São Paulo SP
Tel.: (11) 3875-7250 / 3875-7285
editor@boitempoeditorial.com.br
boitempoeditorial.com.br | blogdaboitempo.com.br
facebook.com/boitempo | twitter.com/editoraboitempo
youtube.com/tvboitempo | instagram.com/boitempo

# Sumário

Nota da edição ................................................................. 7

Introdução – Friedrich Engels, traços biográficos e atualidade ............................................................................ 9
*José Paulo Netto*

A criação do marxismo: polêmicas sobre Marx e Engels ...... 43
*Virgínia Fontes*

Engels e a descoberta do proletariado ................................. 75
*Ricardo Antunes*

Estado e direito em Marx e Engels: uma introdução ............ 99
*Alysson Leandro Mascaro*

A crítica à família e os estudos antropológicos de Engels ... 113
*Marília Moschkovich*

## Nota da edição

Os textos reunidos nesta coletânea foram elaborados a partir das falas revisadas dos autores no *Curso Livre Marx-Engels: 200 anos de Engels*. O evento, organizado pela Boitempo, ocorreu de 23 a 28 de novembro de 2020 e contou com promoção do podcast Revolushow e apoio da Fundação Rosa Luxemburgo. O conteúdo em vídeo pode ser acessado pelo YouTube na TV Boitempo, maior canal de editora da América Latina e um dos maiores do mundo.

Na ocasião, comemoraram-se os duzentos anos do nascimento de Friedrich Engels, companheiro de vida, pensamento e luta de Karl Marx e cofundador do marxismo. Os trabalhos aqui impressos refletem, em registros diversos, sobre a importância e a contribuição do autor para a crítica social. Múltiplas temáticas – como elementos biográficos, a constituição do proletariado enquanto categoria prática e teórica, a crítica do Estado, do direito e da família, estudos antropológicos e o peso de Engels na fundação do marxismo – foram abordadas por especialistas de variadas áreas do conhecimento.

Orientadas por uma perspectiva engajada, as falas, que o leitor tem em mãos agora, procuram articular uma introdução atraente ao pensamento de

Engels com o rigor a que a leitura de sua obra faz jus, sem perder de vista os horizontes de transformação social nela embutidos. Trata-se, portanto, de um panorama ao mesmo tempo didático e introdutório, sofisticado e refletido do pensamento de um dos autores mais relevantes do século XIX, especialmente para os que se identificam com a luta contra a opressão e a exploração que aviltam nosso tempo.

*outubro de 2021*

# Introdução – Friedrich Engels, traços biográficos e atualidade

## José Paulo Netto[*]

À Boitempo Editorial e à Fundação Rosa Luxemburgo, promotoras deste importante evento que assinala a passagem dos duzentos anos do nascimento de Friedrich Engels, agradeço o convite para pronunciar-me nesta sessão de trabalho e saúdo os seus participantes, desde já advertindo que não me proponho a fazer uma conferência de caráter doutoral e exaustivo. Minha intervenção sobre a figura fascinante de Friedrich Engels simplesmente abordará aspectos que decerto serão desenvolvidos e problematizados pelos vários conferencistas que, a partir de hoje, estarão neste espaço tematizando dimensões relevantes da sua vida e da sua obra que por mim não serão mais do que tangenciadas. Assim, a exposição que farei a seguir não pretende mais do que uma breve introdução ao que será objeto de toda esta semana de estudos e reflexões.

Engels nasceu em 28 de novembro de 1820, dois anos depois de Karl Marx, e faleceu em 5 de agosto de 1895, sobrevivendo ao amigo e camarada por

---

[*] Professor emérito da Escola de Serviço Social da Universidade Federal do Rio de Janeiro, autor marxista de larga bibliografia, cujo título mais recente é *Karl Marx: uma biografia* (São Paulo, Boitempo, 2020). (N. E.)

doze anos. Para apropriar-se minimamente da biografia de Engels, os leitores brasileiros dispõem, no grande rol de materiais que circulam no país, de dois belos textos. O primeiro deles é o trabalho, elaborado sob uma ótica marxista, de Osvaldo Coggiola, *Engels, o segundo violino*\*. O professor Coggiola, que será um dos conferencistas deste evento, toma o mote de uma carta do próprio Engels, escrita depois da morte de Marx, em que o signatário, mencionando a genialidade do seu camarada de lutas, afirma-se, reconhecendo-se simplesmente como um homem de talento, não mais do que um *segundo violino* que teve a sorte de colaborar, por cerca de quarenta anos, com o esplêndido *primeiro violino* que foi Marx. Coggiola relativizou corretamente esse juízo de Engels e produziu um competente panorama da sua trajetória política e intelectual. O outro texto a mencionar é o de um historiador inglês não marxista, Tristam Hunt, intitulado *Comunista de casaca: a revolucionária vida de Friedrich Engels*\*\*, que com humor bem britânico e sem maiores preocupações teóricas apresenta uma interessante síntese biográfica de Engels. Observe-se que desde a biografia clássica de Gustav Mayer, publicada integralmente em 1934 (e lançada agora em português, em edição compacta providenciada pelo próprio Mayer: *Friedrich Engels: uma biografia*)\*\*\*, acumulam-se, especialmente em inglês e alemão, inúmeros materiais centrados na vida e na obra de Engels, da lavra de autores como Horst Ullbrich, Heinrich Gemkov, William Otto Henderson, John D. Hunley e John Green.

A referência de Engels à sua condição de *segundo violino* sinaliza um dos aspectos principais da relação que manteve com Marx – a sua *modéstia* em face da estatura inegavelmente maior do companheiro, modéstia que, porém, não pode obscurecer a sua relevância nessa relação. O professor Florestan Fernandes sempre insistiu, com razão, no fato de Engels haver sido um pensador que tinha "luz própria".

Na realidade, são incontáveis os indicadores que assinalam objetivamente a *precedência* (bem como a *autonomia intelectual*) de Engels diante de questões e problemáticas que só ulteriormente seriam objeto dos cuidados teóricos e críticos de Marx. Não olvidemos que, nos primeiros anos da década de 1840, enquanto o "jovem" Marx ainda se debatia com o seu *radicalismo democrático*, o "jovem" Engels já avançava resolutamente no seu *comunismo filosófico*. Não nos esqueçamos de que foi estimulado por um ensaio de Engels, "Esboço para uma

---

\*    São Paulo, Xamã, 1995. (N. E.)
\*\*   Trad. Dinah Azevedo, Rio de Janeiro, Record, 2010. (N. E.)
\*\*\*  Trad. Pedro Davoglio, São Paulo, Boitempo, 2020. (N. E.)

crítica da economia política" – publicado nos *Deutsch-Französische Jahrbücher* (*Anais Franco-Alemães*), que Marx e Arnold Ruge editaram para o número duplo, e único, de fevereiro-março de 1844[1] – que Marx se aproximou do objeto de que se ocuparia de janeiro de 1844 até os seus últimos dias: a economia política. E não deixemos de considerar que, enquanto Marx só havia publicado, em fevereiro de 1845, além de ensaios filosóficos efetivamente brilhantes, um livro em coautoria com o próprio Engels (*A sagrada família ou A crítica da Crítica crítica: contra Bruno Bauer e consortes*)*, este último teve divulgada, em finais de maio do mesmo ano, portanto antes de completar 25 anos, a notável *A situação da classe trabalhadora na Inglaterra*\*\*, obra que se constituiu num clássico do pensamento social do século XIX.

É de sublinhar que a reconhecida incidência das reflexões de Engels na obra teórica e política de Marx não se registra apenas no período "juvenil" de ambos. Ao longo de toda a sua relação com o companheiro mais destacado, as contribuições e críticas de Engels foram, em vários momentos, cruciais para o desenvolvimento de Marx. No largo curso da elaboração d'*O capital*, as intervenções de Engels (fossem as de natureza prático-instrumental e, em menor escala, as estritamente teóricas), demandadas por Marx, influíram nas formulações marxianas – como o comprovam de modo cabal as cartas trocadas entre eles de fins dos anos 1840 à década de 1870 (veja-se a correspondência coligida em Karl Marx e Friedrich Engels, *Cartas sobre "O capital"*)\*\*\*. Também no plano político, Engels antecipou posições que Marx incorporaria posteriormente de forma expressa, de que é exemplo a proposição para o proletariado se organizar em *partidos políticos nacionais* – ideia que Engels apresentou em fevereiro de 1871, num documento dirigido ao Conselho Federal Espanhol da Associação Internacional dos Trabalhadores, e que Marx defendeu no V Congresso da organização, em setembro de 1872. Como se vê, o *segundo violino* soava, além de afinado, muito forte...

Há um ponto na biografia de Engels que deve ser salientado à partida: a sua intensa e profícua *capacidade de trabalho* – de que deu inequívocas provas, da juventude às vésperas de sua morte. A cuidadosa pesquisa de que resultou

---

[1] Esse ensaio engelsiano encontra-se disponível em Friedrich Engels, *Esboço para uma crítica da economia política e outros textos de juventude* (trad. Nélio Schneider, São Paulo, Boitempo, 2021) p. 161-84.
\* Trad. Marcelo Backes, São Paulo, Boitempo, 2003. (N. E.)
\*\* Trad. B. A. Schumann, São Paulo, Boitempo, 2010. (N. E.)
\*\*\* Trad. Leila Escorsim, São Paulo, Expressão Popular, 2020. (N. E.)

*A situação da classe trabalhadora na Inglaterra*, ele a fez durante os 22 meses em que viveu em Manchester (1842-1844), *ao mesmo tempo* que trabalhava quarenta horas semanais na gerência de uma indústria têxtil e encontrava condições para contribuir com a imprensa do movimento cartista – e a redação final do livro foi realizada em Barmen, onde Engels nascera, entre novembro de 1844 e março de 1845: ele escrevia durante o dia e, à noite, reunia-se com artesãos e operários para fazer agitação socialista na vizinha Elberfeld. Ele interveio no processo de transformação da Liga dos Justos em Liga dos Comunistas com a redação de um pioneiro *Princípios do comunismo* (1847)[2] e depois, com Marx, na do *Manifesto do Partido Comunista* (1847-1848)[3]. No curso da Revolução Alemã de 1848-1849, participou pessoalmente de vários combates, escreveu muito material publicado na *Nova Gazeta Renana*[4] e, em 1850, na efêmera continuidade desse periódico (*Nova Gazeta Renana. Revista Político-Econômica*), publicou "As guerras camponesas na Alemanha"[5]. Nos anos 1850-1860, em meio à azáfama das suas atividades empresariais, Engels foi capaz de elaborar dezenas de artigos para Marx publicar na imprensa norte-americana e dar à luz significativos ensaios teóricos e políticos ("Pó e Reno"*, em 1859, "Savoia, Nice e Reno", em 1860, "A questão militar prussiana e o Partido Operário Alemão", em 1865; no fim dos anos 1860, fez pesquisas para um livro sobre a história da Irlanda (que projetou e não concluiu, mas do qual redigiu alguns capítulos). Nos anos 1860-1870, acompanhou atentamente os conflitos mais impactantes do período (a guerra civil norte-americana, a guerra austro-prussiana e a franco-prussiana), produzindo textos que o notabilizaram como analista de eventos bélicos (no seu círculo mais próximo, apelidaram-no de "General"). Ainda nos anos 1870, publicou textos acerca de temas em debate no movimento socialista (por exemplo, *Sobre a questão da moradia*)**, além de debruçar-se

---

[2] Esse trabalho encontra-se recolhido em Friedrich Engels, *Friedrich Engels: política*, cit., p. 82-99.

[3] Dentre as várias edições brasileiras, ver Karl Marx e Friedrich Engels, *Manifesto Comunista* (trad. Álvaro Pina e Ivana Jinkings, São Paulo, Boitempo, 1998).

[4] Os textos engelsianos publicados nesse jornal estão disponíveis em Karl Marx e Friedrich Engels, *Nova Gazeta Renana* (trad. e org. Lívia Cotrim, São Paulo, Expressão Popular, 2020), 2 v.

[5] Esse ensaio encontra-se em Friedrich Engels, *A revolução antes da revolução I* (trad. Eduardo L. Nogueira e Conceição Jardim, São Paulo, Expressão Popular, 2008), p. 37-161.

\* Parte desse ensaio encontra-se traduzido na revista *Novos Rumos*, v. 57, n. 2, 2020. Disponível em: <https://revistas.marilia.unesp.br/index.php/novosrumos/article/view/11393/6964>. (N. E.)

\*\* Trad. Nélio Schneider, São Paulo, Boitempo, 2015. (N. E.)

sobre as ciências da natureza (no projeto, nunca finalizado, de uma *Dialética da natureza*)[6], e dedicou-se à crítica das então influentes ideias de Eugen Dühring em *A revolução da ciência segundo o senhor Eugen Dühring* (1878), popularizado como *Anti-Dühring*[7] – peça polêmica de imensa significação na história do que veio a chamar-se *marxismo*. Após a morte de Marx, em 1883, exauriu-se para viabilizar a edição dos Livros II e III d'*O capital*, publicando-os em 1885 e 1894[8] – sem prejuízo de uma ponderável produção individual apresentada em livro (*A origem da família, da propriedade privada e do Estado*)\* ou veiculada em ensaios memoráveis (por exemplo, *Ludwig Feuerbach e o fim da filosofia clássica alemã*, 1886)[9]. Realmente, Engels trabalhou com afinco até nos meses que antecederam a sua morte, em 5 de agosto de 1895: depois de concluir a exaustiva preparação do Livro III d'*O capital* para a primeira edição (o prefácio engelsiano à obra de Marx é de outubro de 1894), elaborou, entre fevereiro e março de 1895, a importantíssima introdução (ou, conforme a tradução, o prefácio) ao escrito marxiano *As lutas de classes na França de 1848 a 1850*\*\* e manteve ativa a sua correspondência até a última semana de julho de 1895.

É verdade que, para tanto, jogou papel significativo uma saúde invejável que, na maturidade, contou sempre com a prática de atividades físicas, da caça à equitação – dos seus 75 anos de existência, só sabemos que, em maio de 1857, adoeceu por semanas e, depois, num registro autógrafo (uma carta a Laura, filha de Marx, de 15 de outubro de 1883, reiterado em carta a Lavrov, de 5 de fevereiro de 1884), temos notícia da interrupção das suas atividades por causa de uma "maldita enfermidade" que fê-lo suspender por meses o trabalho sobre os originais do livro II d'*O capital*. Mas é igualmente verdadeiro que, entre finais de 1850 e setembro de 1870 (quando ele deixa as atividades de coproprietário da empresa manchesteriana em que ganhava o dinheiro que lhe permitia

---

[6] Os esboços e os capítulos redigidos para essa obra inconclusa encontram-se em Friedrich Engels, *Dialética da natureza* (trad. Nélio Schneider, São Paulo, Boitempo, 2020).

[7] Idem, *Anti-Dühring: a revolução da ciência segundo o senhor Eugen Dühring* (trad. Nélio Schneider, São Paulo, Boitempo, 2015).

[8] Uma edição brasileira dos Livros I, II e III d'*O capital: crítica da economia política* foi publicada pela Boitempo (trad. Rubens Enderle, 2013-2017).

\* Trad. Nélio Schneider, São Paulo, Boitempo, 2019. (N. E.)

[9] Este ensaio está coligido, sob este título, em Karl Marx e Friedrich Engels, *Obras escolhidas em três volumes* (Rio de Janeiro, Vitória, 1963), v. 3, p. 169-207. Para uma edição mais recente, em nova tradução, ver Friedrich Engels, *Ludwig Feuerbach e a saída da filosofia clássica alemã* (trad. José Barata Moura, Lisboa, Avante!, 2019).

\*\* Trad. Nélio Schneider, São Paulo, Boitempo, 2012. (N. E.)

ajudar a família Marx e vários outros revolucionários exilados e passa a residir definitivamente em Londres), a espécie de vida dupla que então levava – gestor capitalista durante oito horas diárias e pensador comunista em seus tempos livres – constituía para ele um verdadeiro inferno (com sábia referência à história do povo hebreu, Marx caracterizou, em carta ao amigo, de 3 de junho de 1869, esse período de Manchester como sendo o seu "cativeiro egípcio").

Decerto que a experiência de uma etapa de vida assim estressante e tão longa – quase vinte anos – amargaria a existência de muitos homens e mulheres. Mas Engels nunca se deixou amargar: era indivíduo de cepa especial, singular – crítico corrosivo, duro e intransigente, nos confrontos teóricos e políticos (com razão, certa feita, o inglês John Strachey, marxista durante algum tempo, disse Engels ter sido "o maior dos polemistas"), ele conservou sempre uma enorme ternura para com aqueles a quem amava. Atesta-o a sua relação com a irmã Marie e com a mãe, com as mulheres às quais se ligou, com as filhas e os netos de Marx e os amigos – de que dão provas cartas e, fartamente, depoimentos dos que privaram com ele. Era consabido o seu bom humor, bem distinto da seriedade de Marx. Por exemplo, nos anos 1860, num "livro de confissões" (de fato, um jogo de salão) organizado por uma das filhas de Marx, os dois amigos expressaram preferências sugestivas de suas personalidades e sensibilidades: à pergunta sobre a sua ideia de *felicidade*, Marx respondeu "a luta" e Engels, um "Château Margaux 1848"...; ou ainda, ao comunicar (em carta de novembro de 1894) aos seus camaradas alemães que, no testamento que já preparara, legaria para o partido um montante expressivo da sua herança, pedia-lhes que não deixassem o dinheiro cair nas "mãos dos prussianos" e, isto feito, recomendava-lhes ironicamente abrir, "em minha memória, uma garrafa de bom vinho".

\* \* \*

Tratemos agora de avançar um pouco na biografia de Engels.

Ele foi o primogênito do casal Friedrich Engels (1796-1860) e Elizabeth Engels (1797-1873, de solteira van Haart). Eles tiveram nove filhos. Engels pai, de intensa fé pietista, era um diligente empresário que, dando continuidade à tradição familiar, tocou negócios na indústria têxtil (especificamente na fiação de algodão) em Barmen e, depois de 1837, também na Inglaterra (Manchester), em sociedade com os irmãos Ermen. Elizabeth, mulher instruída e dotada de sensibilidade estética, provinha de uma família de intelectuais (seu pai fora um respeitado pedagogo). Até os quatorze anos, o primogênito de Friedrich e Elizabeth frequentou a escola primária de Barmen; em seguida, continuou os estudos no liceu de Elberfeld, logo revelando a sua aptidão para o domínio de línguas estrangeiras. Todavia, não concluiu o curso liceal – o pai, interessado em fazer do filho um sucessor nos empreendimentos da família, trouxe-o de volta a Barmen para iniciá-lo na prática da administração da indústria, inclusive levando-o a conhecer a fábrica mantida em Manchester (foi a primeira viagem do jovem ao exterior, em julho de 1838). Em seguida, concertou com seu amigo Heinrich Leupold, cônsul da Saxônia em Bremen e proprietário de uma casa exportadora na mesma cidade, um estágio para o jovem Engels, que para lá se deslocou em agosto de 1838 e onde viveu até março de 1841.

Bremen, centro portuário de extrema importância à época, ofereceu ao jovem Engels um ambiente sociocultural inteiramente novo para ele. As ideias que circulavam pela Europa tinham ali grande difusão: marinheiros viajados pelo mundo aportavam aos magotes à cidade (e o rapaz interagiu vivamente com eles), comerciantes dos mais diferentes países hospedavam-se nos seus hotéis e pensões, jornais estrangeiros eram facilmente encontrados e havia uma rica atividade cultural em teatros e salas de concerto (foi numa delas que, ao fim da sua estada, em março de 1841, ele teve a oportunidade de ouvir a *Quinta sinfonia* de Beethoven, registrando, em carta de 11 de março de 1841 à sua irmã Marie, a fortíssima emoção que a peça lhe causou). Foi nessa Bremen tão diversa de Barmen-Elberfeld, e numa atmosfera bem diferente do pietismo religioso lá reinante, que o jovem Engels abriu os olhos para o mundo.

Esses anos de Engels em Bremen foram aqueles em que a sua formação intelectual deslanchou e, simultaneamente, em que ele começou a tomar consciência do que era então a *miséria alemã* – como mais tarde ele (e também Marx) designou o descompasso entre um extraordinário desenvolvimento cultural-filosófico e suas bases políticas e econômico-sociais anacrônicas. O país que vira florescer a literatura de Goethe e Schiller e a filosofia de Hegel não experimentara o processo da revolução burguesa, tal como a Inglaterra, a Bélgica, a Holanda e a França: a unidade nacional não fora alcançada – politicamente, a Confederação Germânica era uma frouxa articulação de 35 principados e 4 cidades livres, satelizados em torno da poderosa Prússia, com sistemas de representação política restritivos e diversificados, ausência de laicização, burocracias de raiz feudal e submissão à dominância da nobreza fundiária. As relações econômicas capitalistas progrediam lentamente – engendrando apenas uma burguesia débil e um incipiente proletariado – em meio aos traços próprios e resistentes do Antigo Regime. Se, nos anos 1840, esse quadro geral viria a modificar-se sensivelmente, o fato é que, no período de Engels em Bremen, ele ainda estava em plena vigência.

O trabalho na casa exportadora de Leupold, que não despertou nenhum entusiasmo no jovem Engels, deixava-lhe uma parcela considerável de tempo livre. Um pouco desse tempo, ele ocupou-o na prática de esportes (equitação, natação, esgrima). Mas a parte principal das suas horas de ócio, ao fim da tarde e à noite, ele destinou-as ao estudo de idiomas, de textos literários e filosóficos (em fins de 1839, depois de ler *A vida de Jesus*, obra publicada por David Friedrich Strauss em 1835-1836 que desmistificava os evangelhos, iniciou o exame da *Filosofia da história*, de Hegel\* e à assistência de concertos e peças teatrais. Nesse período (meados de 1838 e inícios de 1841), Engels começou a apropriar-se da herança cultural que o tornaria um portador dos conhecimentos literários e filosóficos e das posições políticas característicos dos jovens mais dotados que pautariam o debate alemão da primeira metade dos anos 1840. Esse movimento de ampliação dos seus horizontes intelectuais aparece objetivado na correspondência que então mantém com os amigos de adolescência que fez no liceu de Elberfeld (nomeadamente os irmãos Graeber, Friedrich e Wilhelm) e, sobretudo, na sua iniciação como escritor (inclusive com tentativas poéticas logo abandonadas).

É em Bremen que Engels toma contato com as obras de Heinrich Heine e Ludwig Börne, literatos de oposição, homens de ideias emancipadoras, críticos do absolutismo. E, de imediato, alinha-se com a Jovem Alemanha, tendência literária que pretendia dar continuidade ao ideário daqueles dois autores e tinha no publicista Karl Gutzkov um de seus líderes. Em princípios de 1839, Engels estabelece relações com Gutzkov e com o periódico que ele editava em Hamburgo. o *Telegraph für Deutschland* [Telégrafo para a Alemanha], órgão no qual o jovem publicará anonimamente ou sob o pseudônimo de Friedrich Oswald (ainda no seu período de Bremen, Engels escreverá para outros veículos de língua alemã, mas é no *Telegraph für Deutschland* que concentrará sua produção). E é numa das suas primeiras contribuições ao *Telegraph für Deutschland* (março-abril de 1839) que dois artigos anônimos do jovem Engels – com o título de "Cartas de Wuppertal" – hão de causar enorme impacto em sua região natal. Nelas, o signatário anônimo critica impiedosamente o pietismo hipócrita dos "industriais ricos" e denuncia as miseráveis condições de existência dos trabalhadores. A reação (negativa) no vale do Wupper, onde os exemplares do *Telegraph für Deutschland* foram disputados um a um

---

\* Trad. Maria Rodrigues e Hans Harden, 2. ed., Brasília, Editora UnB, 2008. (N. E.)

e se esgotaram, foi imensa – inclusive entre a família Engels, que por muitos anos não soube quem tinha sido o autor.

O Engels que sai da adolescência em Bremen não tem nada mais a ver com o pietismo de seu pai (não fora em vão a leitura de Strauss...) e já simpatiza com muitas das ideias que haurira na fonte hegeliana. As suas inteligência e sensibilidade social tendem a voltar-se para problemas políticos e para a ação que eles convocam – o que cria tensões entre ele e seus amigos de Elberfeld. Numa carta de novembro de 1840, adverte Wilhelm Graeber, "dorminhoco em política", que não lhe cabe "censurar as minhas convicções políticas", que se dirigem "contra o estado de coisas existente"; e afirma que se deve ter um sentido elevado na vida: "atividade, vida e coragem juvenil, este é o verdadeiro sentido". Não era exatamente isso que o esperava na casa paterna, à qual regressa em fins de março de 1841. Para escapar ao enquadramento familiar, encontra uma alternativa justificável: alista-se como voluntário para o serviço militar, a cumprir numa unidade de artilheiros em Berlim, situada a poucas quadras da universidade.

O seu deslocamento para Berlim é pretexto para uma longa viagem pela Suíça e pelo norte da Itália, cujas paisagens deixam-no encantado. Só em setembro de 1841 estabelece-se na capital da Prússia, onde residirá por cerca de um ano. Levará a sério a instrução militar que recebe, graduando-se como artilheiro, mas é a universidade que mais o atrai.

Em Berlim, cidade com mais de 300 mil habitantes, a universidade – austera e rigorosa, criada tardiamente em 1810 – contava com pouco mais de 2 mil alunos. Fora, até pouco antes da chegada de Engels à capital, um espaço de polêmicas em torno do legado de Hegel, que em 1829 assumira a sua reitoria; nela, nos fins da década de 1830, a herança do grande filósofo era disputada pelos "velhos hegelianos" (conservadores, compunham a "direita hegeliana") e pelos "jovens hegelianos" (a chamada "esquerda hegeliana"), que de algum modo exprimiam os anseios da débil burguesia radical. Estes últimos, liderados por Bruno Bauer e de início muito influenciados pelas ideias materialistas de Ludwig Feuerbach, constituíam um círculo intelectual renovador, a que Marx (que já não vivia em Berlim quando Engels ali chegou) estivera ligado. Entretanto, com a ascensão de Frederico Guilherme IV ao trono em 1840, o ambiente universitário de Berlim sofreu um processo regressivo. O imperador, romântico e reacionário, promoveu um expurgo na academia e, para erradicar a herança hegeliana, trouxe para a universidade berlinense um antigo companheiro de Hegel, convertido posteriormente em seu desafeto: Friedrich Schelling. Nessa nova conjuntura, até mesmo a "esquerda hegeliana" se dividiu, com alguns "jovens hegelianos", ainda sob a liderança de Bauer, agrupando-se num cenáculo (os Livres de Berlim) de que Engels se aproximou.

Na universidade, Engels, que prosseguiu em suas leituras de Hegel, frequentou, a partir do outono de 1841, vários eventos acadêmicos – com destaque para as conferências de Schelling. Ativamente participou da batalha de ideias em que os "jovens hegelianos" ainda se empenhavam. Frontalmente contrário à orientação irracionalista de Schelling, que advogava por uma "filosofia da revelação", Engels escreveu entre fins de 1841 e 1842 artigos e panfletos contra o pregoeiro reacionário: "Schelling sobre Hegel", "Schelling e a revelação", "Schelling, o filósofo em Cristo" – textos que repercutiram na imprensa alemã, provocando indignação entre órgãos conservadores (*Elberfeld Zeitung* [Gazeta de Elberfeld], diário do vale do Wupper, *Allgemeine Zeitung* [Gazeta Geral], de Augsburgo) e recebendo o aplauso de periódicos liberais (*Rheinische Zeitung* [*Gazeta Renana*], de Colônia e, de Hamburgo, *Hamburger Neue Zeitung* [Nova Gazeta de Hamburgo]). Nesses trabalhos de Engels são registráveis tanto o aprofundamento do seu estudo de Hegel quanto o forte influxo da concepção materialista exposta por Feuerbach em *A essência do cristianismo* (1841)\*. E é do verão de 1842 um poema satírico, redigido por Engels e Edgard Bauer, irmão de Bruno Bauer, intitulado "A Bíblia insolentemente ameaçada, porém milagrosamente salva ou O triunfo da fé".

Como já observamos, é no período de Bremen que o jovem Engels se inicia como escritor. E nesses anos de Berlim ele apurou as suas qualidades estilísticas – e também o seu universo de referências intelectuais, graças às suas contínuas leituras e o seu afã (já formulado, como vimos, em Bremen) de uma existência pessoal com "atividade, vida e coragem juvenil". A sua intervenção na imprensa da época não se limita às discussões de natureza filosófica: as questões sociais e políticas ganham mais importância na sua agenda e as suas tendências políticas se expressam mais claramente – num artigo de outubro de 1842, firmado com as iniciais F. O. (lembremo-nos de Friedrich Oswald) e sob o título "Frederico Guilherme IV, rei da Prússia", ele critica abertamente o ideal reacionário da criação de um Estado cristão alemão. Já antes, na primavera daquele ano, ele começou a colaborar com a *Gazeta Renana* – órgão de orientação democrática, de oposição a Frederico Guilherme IV, e recentemente posto em circulação sob os auspícios da burguesia renana. De fato, em Berlim, as suas inclinações políticas experimentam uma radicalização e ele se torna cada vez mais crítico em face de posições abstratamente liberais – o

---

\*   Trad. José da Silva Brandão, 4. ed., Petrópolis, Vozes, 2013. (N. E.)

que resultará, no verão de 1842, na sua ruptura com o programa da Jovem Alemanha e, pouco depois, até mesmo com o cenáculo dos Livres.

Em princípios de outubro de 1842, Engels concluiu o serviço militar. De regresso a Barmen, detém-se em Colônia para conhecer a redação da *Gazeta Renana*. O jornal surgira na cidade, centro econômico e político da Renânia setentrional, em 1º de janeiro de 1842, sustentado pela franja burguesa que se opunha a Frederico Guilherme IV, que, ao longo de todo o ano, perseguiu o órgão, conseguindo suprimi-lo em março de 1843. Desde outubro de 1842, a *Gazeta Renana* tinha como editor Karl Marx, mas da redação também participava Moses Hess, um pensador não acadêmico ligado à esquerda hegeliana e autor de uma série de obras nas quais desenvolvera pioneiramente um *comunismo filosófico* que influiu os "jovens hegelianos" mais radicais. Foi com ele que Engels manteve nesse outubro uma longa conversação, na qual Hess, como relatou em carta a um de seus amigos, convenceu-se que encontrara no moço um "ardoroso comunista" – e entre os dois estabeleceu-se uma relação de simpatia e colaboração.

Em Barmen, Engels pai, cada vez mais preocupado com o filho, aposta numa solução para afastar o jovem dos debates em que este se envolvera durante os meses de Berlim: decide compelir o rapaz a fazer um estágio na fábrica têxtil de que é coproprietário com a família Ermen, em Manchester. Mal sabia o empresário pietista que estava oferecendo ao jovem a experiência que acabaria por fazer dele, de fato, o "ardoroso comunista" que Hess pensara ver diante si...

Na segunda semana de novembro de 1842, Engels saiu novamente da casa paterna. Outra vez se deteve em Colônia, para conhecer, na mesma redação da *Gazeta Renana*, o editor Karl Marx. O encontro entre ambos, no dia 16, foi decepcionante para o jovem: Marx, já rompido com os Livres de Berlim, recebeu-o friamente, tomando-o ainda como adepto dos irmãos Bauer – na breve entrevista que mantiveram, apenas acertaram que, da Inglaterra, o rapaz continuaria a enviar matérias para o jornal. Nada mais.

Engels aportou em Londres no dia 19 de novembro de 1842 e, na Inglaterra, permaneceria até fins de agosto de 1844, residindo em Manchester, grande cidade industrial (centro da "oficina do mundo") com cerca de 400 mil habitantes. A crise econômica de 1841-1842 agudizara no país as lutas de classes; o movimento cartista, empolgando as massas operárias, chegara ao auge e, reprimido, agora vivia o início do seu refluxo – e Manchester, a típica cidade conformada pela revolução industrial, exibia aos olhos inquietos e argutos de Engels todas as contradições próprias da economia capitalista ali vitoriosa.

O trabalho gerencial que a empresa Ermen & Engels exigia do jovem ocupava-o por oito horas diárias no escritório da Southgate Street – mas as noites em sua residência eram tomadas por atentas leituras e todos os sábados e domingos eram votados a andanças que esquadrinhavam a mancha urbana de Manchester, em especial os bairros operários, e que lhe propiciavam o conhecimento da vida dos seus habitantes. Guiou-o nesse mergulho na *Manchester profunda* uma jovem operária de origem irlandesa, Mary Burns, combativa militante proletária, que depois se tornou a primeira companheira da sua vida.

A vintena de meses de Engels na Inglaterra foi de intenso trabalho intelectual e avanço político, em que a sua juvenil paixão revolucionária articulou-se medularmente à sua precoce atividade de pesquisa – a documentação que reuniu, elaborada depois em 1844-1845, resultou no clássico *A situação da classe trabalhadora na Inglaterra*. Nessa obra, um autêntico *tour de force* para um autor que ainda não completara 25 anos, constata-se – dentre seus incontáveis méritos – que Engels foi o primeiro crítico da sociedade burguesa que apreendeu em profundidade o significado da revolução industrial, assinalou pioneiramente o ciclo periódico das crises econômicas e situou a centralidade do protagonismo proletário na revolução social do futuro. Mais: o trabalho intelectual de Engels não se limitou à grande pesquisa que tomou forma de livro em 1845; ainda em Manchester ele escreveu o brilhante ensaio "Esboço para uma crítica da economia política", que, como já indicamos, saiu em inícios de 1844 nos *Anais Franco-Alemães* (não se deixe de notar que, anos depois, já avançando a sua crítica da economia política, Marx qualificou esse texto como "um esboço genial"). Desde Manchester, Engels exercitou uma ativa publicística sobre questões históricas e políticas contemporâneas, através de artigos na *Gazeta Renana* e em periódicos ingleses – nos jornais *The Northern Star* [A Estrela do Norte], dos cartistas, e *The New Moral World* [O Novo Mundo Moral], dos owenistas.

E ainda desses anos na Inglaterra são os seus primeiros contatos com representantes de movimentos proletários: em 1843, provavelmente na primavera, conheceu os dirigentes da organização secreta Liga dos Justos, Karl Schapper, Heinrich Bauer e Joseph Moll; no verão do mesmo ano, iniciou suas relações com o líder cartista George J. Harney, de quem se tornou grande amigo e, em seguida, estabeleceu diálogos com John Watts, na época destacado político owenista.

Marx acompanhou – como editor dos textos engelsianos na *Gazeta Renana* e nos *Anais Franco-Alemães* – a evolução teórica e política que Engels experimentava na Inglaterra. Quando este empreendeu o seu retorno à Alemanha,

Marx (que, desde novembro de 1843, vivia em Paris) dispôs-se a um novo encontro com ele. Entre 28 de agosto e 6 de setembro de 1844, os dois jovens – Marx com 26 anos, Engels com 24 – mantiveram intensas conversações, no curso das quais constataram que, por caminhos diversos, haviam se alçado a uma mesma perspectiva teórico-política: os dois se reconheceram na condição de comunistas que projetavam uma ruptura radical com a ordem social vigente mediante o protagonismo do proletariado revolucionário. Essa projeção, que orientaria ao longo de toda a vida o desenvolvimento de ambos, foi a base a partir da qual constituiu-se uma colaboração intelectual e uma amizade ímpares que se inscreveram indelevelmente na história dos séculos XIX e XX.

O regresso de Engels a Barmen, onde ele se fixa no último trimestre de 1844, marcará uma fase breve (que durará meses), paradoxal e ao mesmo tempo, gratificante e cheia de dificuldades para o jovem comunista. A gratificação deriva do trabalho intelectual que realiza desde a sua chegada: artigos para jornais, a redação de partes do que seria a sua primeira obra em parceria com Marx (*A sagrada família*, já citada) e especialmente a elaboração final d'*A situação da classe trabalhadora na Inglaterra* (também já mencionada). Mas decorre também do seu trabalho como agitador: faz contatos com militantes da oposição em várias localidades e, juntamente com Moses Hess e o artista Gustav A. Köttgen, em fevereiro de 1845, organiza e é um dos oradores das primeiras sessões de propaganda do comunismo no vale do Wupper – nas quais pronuncia o que ficou conhecido como "Discursos de Elberfeld". A publicação de seus artigos e dos dois livros referidos, mais a ressonância pública da agitação em Elberfeld, põem-no sob os olhos e as ameaças das autoridades. As dificuldades sobrevêm em casa: surgem conflitos com o pai, que o quer na gerência da empresa que dirige, e mesmo com o resto da família, que se atemoriza com as pressões policiais. Não há, para Engels, outra solução, exceto abandonar a casa paterna. E eis que, em abril de 1845, ele parte para Bruxelas – onde Marx, expulso da França, já estava vivendo desde fevereiro.

É em Bruxelas que a colaboração intelectual e a amizade entre Engels e Marx ganham a dinâmica efetiva que a relação *face to face* propicia. Por iniciativa de Engels, no verão de 1845 eles saem numa viagem para a Inglaterra (onde ficam por pouco mais de um mês, de meados de julho a 21 de agosto). Passam a maior parte do tempo em Manchester: Engels se reencontra com Mary Burns e ambos apresentam a Marx, percorrendo a cidade, a miserável realidade a que a ordem do capital condena os trabalhadores. A viagem é também oportunidade para estudos: os dois demoram-se vários dias pesquisando na famosa Biblioteca de Chetham, a mais antiga biblioteca pública da Inglaterra. E por cerca de uma semana permanecem em Londres: também ali percorrem as áreas onde sobrevivem mal e pobremente as famílias operárias e fazem contatos políticos – Engels apresenta o amigo a George J. Harney e também ao cartista Ernest Jones, revê os líderes da Liga dos Justos (Schapper, Moll e Bauer, que Marx não conhecia) e os dois se entrevistam pela primeira vez com Wilhelm Weitling, um socialista utópico famoso desde a publicação em 1842 da sua obra *Garantias da harmonia e liberdade*.

Nos meses seguintes à viagem à Inglaterra, Engels e Marx dividiram-se entre a elaboração teórica, a organização dos trabalhadores e os debates políticos. No plano teórico, dedicaram-se a acertar as contas com o seu passado imediato – numa espécie de continuidade d'*A sagrada família*, fizeram o balanço crítico da atividade dos "jovens hegelianos", a que estiveram ligados de alguma maneira: entre setembro-outubro de 1845 e agosto de 1846, redigiram os materiais que, sem tomar forma acabada, haveriam de constituir *A ideologia alemã*[10], obra só publicada postumamente (1932). Nas centenas de páginas que escreveram e que ficaram inéditas por décadas, eles não só criticaram asperamente pensadores com os quais até pouco tempo antes haviam mantido relações de proximidade (em passagens que, em muitos casos, perderam interesse para leitores não especialistas na história das ideias da Alemanha), como fizeram muito mais: apresentaram, de modo original, os fundamentos teórico-filosóficos e metodológicos das concepções que ulteriormente desenvolveriam sobre a história, a sociedade e a cultura. N'*A ideologia alemã* estão contidos elementos basilares do que posteriormente seria designado como "materialismo histórico e dialético" – trata-se, pois, de obra que contém textos cujo conhecimento é indispensável para uma visão rica e abrangente do legado marxiano-engelsiano.

Mas os dois amigos se dedicaram também a uma tarefa de ordem prático-política: a organização dos trabalhadores. Até então, nenhum dos dois havia se vinculado a qualquer organismo expressamente político; agora, considerando a experiência dos cartistas ingleses e articulando-a a hipóteses que estavam desenvolvendo n'*A ideologia alemã*, concluíram pela necessidade de constituir um fórum de informação, troca de ideias e propaganda que orientasse e unificasse, para potenciá-las, as atividades dos revolucionários. Favorecia-os o

---

[10] Karl Marx e Friedrich Engels, *A ideologia alemã: crítica da mais recente filosofia alemã em seus representantes Feuerbach, B. Bauer e Stirner, e do socialismo alemão em seus diferentes profetas* (trad. Luciano Cavini Martorano, Nélio Schneider e Rubens Enderle, São Paulo, Boitempo, 2007).

fato de, também na Bélgica, estar em crescimento a movimentação dos democratas – na qual se destacava a Associação Democrática de Bruxelas, logo contatada por Marx e Engels. Ademais, antes da revolução de 1848, a capital belga oferecia a militantes políticos de vários países condições de exílio relativamente seguras e, por isso, não foram poucos os alemães que para lá acorreram depois das disrupções promovidas pelos trabalhadores da Silésia (1844) e da Saxônia (1845); citemos, além de Marx e Engels, o advogado Karl Maynz, o publicista Wilhelm Wolff, o ex-militar Joseph Weydemeyer e, por algum tempo, o já mencionado Wilhelm Weitling e o jornalista Karl Heinzen – com estes dois últimos, logo Marx e Engels romperam relações políticas. Bruxelas, enfim, pareceu a Marx e a Engels, inclusive pela sua localização estratégica entre a Alemanha, a França e a Inglaterra, o centro adequado para sediar uma organização explicitamente política – e eis que, na primeira semana de 1846, juntamente com o belga Philippe Gigot, criaram um organismo especificamente político, o Comitê de Correspondência Comunista, e trataram de conectá-lo com grupos socialistas e comunistas existentes na França (Paris) e na Alemanha (Renânia, Vestfália e Silésia). Os dois amigos, aliás, no ano seguinte, ainda fundariam, em agosto de 1847, a Associação dos Operários Alemães de Bruxelas.

A direção efetiva do Comitê de Correspondência Comunista – uma agência de divulgação de ideias, eventos, textos – cabia sobretudo a Marx e Engels e, nos seus primeiros meses de existência, a orientação que ambos imprimiram às atividades da nova organização foi marcada por debates entre eles e representantes de outras vertentes anticapitalistas. Desses debates, dois foram calorosos e devem ser mencionados. O primeiro ocorreu entre Marx-Engels e Wilhelm Weitling, que, deslocando-se para Bruxelas, tentou impor as suas teses nas diretrizes do Comitê; Marx e Engels criticaram frontalmente o ideário grosseiramente obreirista, igualitarista e conspirativista de Weitling e a ruptura entre eles ocorreu numa tensa reunião em 30 de março de 1846. Em seguida, o Comitê enfrentou as posições que, desde Nova York, Hermann Kriege, um membro da Liga dos Justos, sustentava no periódico *Der Volks-Tribun* [O Tribuno Popular], dirigido aos emigrados alemães. Kriege era um porta-voz do "socialismo verdadeiro" – uma corrente ideológica tipicamente alemã e pequeno-burguesa, criticada já n'*A ideologia alemã*[11] – e contra ele Marx e Engels redigiram e divulgaram, em nome do Comitê, o documento que ficou conhecido como "Circular contra Kriege" (maio de 1846).

---

11   A crítica ao "socialismo verdadeiro" encontra-se em ibidem, p. 437-519.

Mas a incidência do "socialismo verdadeiro" era de fato relevante nos meios socialistas e comunistas parisienses, em especial graças à ação de Karl Grün[12], um antigo discípulo de Feuerbach que, na França, aproximou-se de Pierre-Joseph Proudhon, pensador então muito respeitado pelos trabalhadores e com o qual Marx se confrontaria em 1847, publicando a *Miséria da filosofia*\*. Dada a importância da colônia dos exilados alemães em Paris, havia que enfrentar *in loco* o "socialismo verdadeiro" e a direção do Comitê (Marx, Engels e Gigot) delegou a Engels essa tarefa – para o que ele se transferiu para a capital francesa em meados de agosto de 1846. Até fins de janeiro de 1848, quando as autoridades francesas, que monitoraram os seus movimentos desde a sua chegada, o expulsaram do país, Paris foi o centro das suas atividades, sem prejuízo de frequentes viagens a Bruxelas e Londres para reuniões políticas.

Nesses quase dezessete meses, Engels atuou febrilmente. Foram semanas e semanas de articulação política, contatando os membros da Liga dos Justos, da qual formalmente ainda nem ele nem Marx eram membros (a esse ponto voltaremos), mas da qual muitos filiados ingressaram na seção parisiense do Comitê – Engels teve muito trabalho, junto com August Hermann Ewerbeck, para afastá-los, como a outros militantes socialistas e comunistas, da influência de Grün, que se compatibilizava com aquela exercida por Proudhon. Essa áspera batalha de ideias, Engels levou-a a cabo com êxito, mas superando ponderáveis dificuldades, porquanto a maioria dos trabalhadores – basicamente não operários, mas artesãos – que constituía a militância socialista e comunista movia-se num caldo cultural difuso e confuso, mesclando as mais variadas concepções ideopolíticas. A propaganda e a agitação promovidas por Engels só avançaram mesmo quando, com a ajuda de Adolph F. Junge, pôde intervir nos círculos proletários e conferir uma nova dinâmica ao núcleo parisiense do Comitê. Engels, todavia, estabeleceu relações políticas não só com históricos militantes do socialismo – entre eles, Étienne Cabet –, mas também com representantes de outras tendências democráticas – como Ferdinand Flocon e Louis Blanc, que se tornariam membros do governo provisório saído da revolução de 1848. É de salientar que, em meio ao seu ativismo prático, Engels prosseguiu seus estudos (por exemplo, no fim de 1846, analisou detidamente as *Preleções sobre a essência da religião*\*\*,

---

[12] Sobre Karl Grün, ver ibidem, p. 467-510.

\* Trad. José Paulo Netto, São Paulo, Boitempo, 2017. (N. E.)

\*\* Trad. José da Silva Brandão, Campinas, Papirus, 1989. (N. E.)

que Feuerbach publicara havia pouco), enviou ao Comitê de Bruxelas farta correspondência e redigiu inúmeros artigos para a imprensa inglesa (cartista) e alemã, especialmente para a *Deutsche-Brüsseler Zeitung* [Gazeta Alemã de Bruxelas], editada na capital belga a partir de janeiro de 1847 e sobre o qual Marx e ele passaram a influir no segundo semestre daquele ano.

Mas, nesse período, fundamental foi a interlocução – bem como as suas consequências em curto prazo – estabelecida por Marx e Engels com a direção da Liga dos Justos, representada pelos já referidos Schapper, Moll e Bauer. Ambos, Marx e Engels, respeitavam a Liga, mas tinham sérias críticas a ela, sobretudo ao seu espírito de seita e ao seu secretismo conspirativista; em razão dessas reservas, até então haviam feito ouvidos moucos aos reiterados convites para nela ingressar. Todavia, entre finais de 1846 e inícios de 1847, os dirigentes da Liga convenceram-se da necessidade de reorganizá-la e, após consultas a Marx e a Engels, decidiram, em fevereiro de 1847, instaurar um processo congressual – do qual os dois amigos se dispuseram a participar. Aberto o processo, uma ampla e mobilizadora discussão envolveu a militância da Liga e, em Londres, na primeira semana de junho de 1847, realizou-se o seu I Congresso, com a presença de Engels, cujas intervenções foram decisivas para as resoluções aprovadas – entre as quais a alteração da sua designação (que passaria a ser Liga dos Comunistas), a mudança dos seus estatutos e principalmente a formulação do seu programa, a ser discutido e submetido à aprovação do II Congresso, marcado já para o próximo novembro (para tal discussão, Engels elaborou o citado *Princípios do comunismo*).

Um largo e democrático debate coletivo sucedeu ao congresso de junho e chegou-se ao II Congresso, realizado também em Londres, entre 29 de novembro e 8 de dezembro de 1847, reunindo delegados representantes de cinco países (e alguns convidados, entre os quais revolucionários poloneses) mais a presença de Marx e Engels (que secretariou as sessões) – que, por eleição, escolheram a nova direção (a "Autoridade Central", de que Marx e Engels passaram a fazer parte). Contudo, a questão decisiva do congresso foi a discussão do programa, com a apresentação de várias propostas – e a resolução de que, consideradas tais propostas, a redação final coubesse a Marx e Engels. Essa resolução deveu-se ao fato de que, no decorrer dos debates, as intervenções de ambos, na sua essencialidade, ganharam o aval da esmagadora maioria dos delegados. Retornando ao continente, Marx e Engels redigiram o *Manifesto do Partido Comunista*, cuja primeira edição veio à luz na última semana de fevereiro de 1848 – quase simultaneamente à revolução que explodiu em Paris. Às suas vésperas, Engels, que estava na capital francesa, fora expulso do país e, na sequência, nos primeiros dias de março, também as autoridades belgas obrigaram Marx a abandonar Bruxelas.

A derrubada da monarquia francesa em fevereiro de 1848 abriu o processo revolucionário ("a primavera dos povos") que fez tremer a Europa Ocidental e Central – e não é possível, na presente oportunidade, mais que sinalizar que, no vórtice de vitórias e derrotas que durou apenas cerca de dezoito meses, a vida de Engels (como a de Marx) se alternou no mesmo ritmo em que se alternaram grandeza e desastres em 1848-1849. Ele experimentou de março de 1848 a novembro de 1849 o paraíso da luta revolucionária, vivendo apaixonadamente a unidade entre pensamento e ação; em novembro de 1849 começou o amargo exílio dos derrotados.

Com a instauração do governo provisório (fevereiro de 1848), anulou-se na França a expulsão de Engels e Marx (esta, em janeiro de 1845), e ambos, em março, já estavam em Paris. No fim do mês, com os olhos postos no seu país, redigiram, em nome da Liga dos Comunistas, as "Reivindicações do Partido Comunista na Alemanha", panfleto distribuído na França e por eles levado à Alemanha – síntese da pauta programática a ser defendida na Alemanha: supressão de todos os instrumentos antidemocráticos, ultrapassagem da fragmentação político-econômica mediante a instauração de uma República una e indivisível, armamento geral do povo, separação entre Igreja e Estado, emancipação dos camponeses sem resgate das cargas feudais, instrução pública geral e gratuita etc. E trataram de organizar o regresso dos membros da Liga ao país, ao qual chegaram nos primeiros dias de abril. Os comunistas foram orientados a radicar-se nas suas regiões de origem e, sem prejuízo da autonomia das seções da Liga, a integrar-se nas organizações democráticas existentes. E uma decisão partidária essencial foi a criação de um jornal que, a serviço da revolução, operasse como veículo articulador das diferenciadas forças democráticas. Assim é que, sediada em Colônia, em 1º de junho de 1848 começou a circular a *Neue Rheinische Zeitung* (*Nova Gazeta Renana*), título a que se seguia o acréscimo: *Órgão da Democracia*. Nos seus breves dias de vida, uma vez que tirou o seu último número em 19 de maio de 1849, o jornal constituiu o núcleo formulador e difusor das posições revolucionárias do proletariado alemão.

A redação da *Nova Gazeta Renana* – que Lênin, em 1914, considerava ter sido "o melhor órgão, insuperável, do proletariado revolucionário" – compôs-se de membros da Liga sob a direção de Marx e Engels. O jornal expressou a visão política de ambos, segundo a qual à *revolução democrática* alemã seguir-se-ia o passo a um processo de *transição socialista* – visão que defenderam com coerência, mas que se revelou equivocada (voltaremos a este ponto).

A contribuição de Engels à *Nova Gazeta Renana* foi incomensurável, desde inúmeras iniciativas para garantir a sua sustentação financeira a uma substantiva produção textual – com ele demonstrando-se um articulista admirável pela argúcia e estilo personalíssimo[13]. A vida do jornal foi acidentada – por vezes a sua circulação foi suspensa (por exemplo, quando da vigência do estado de sítio em Colônia, em setembro de 1848), seus redatores foram levados à barra dos tribunais e Engels esteve entre os mais perseguidos. Para evitar a prisão a que segmentos burgueses pretendiam condená-lo, em fins de setembro viu-se obrigado a sair da Alemanha – passando pela França, Engels deslocou-se a pé até a Suíça, onde chegou em fins de 1848 (Lausanne e Berna), em viagem que registrou numa crônica inacabada ("De Paris a Berna"); mesmo nesses meses, ele preparou materiais que foram publicados na *Nova Gazeta Renana*. Só lhe foi possível voltar a Colônia em meados de janeiro de 1849. E quando a contrarrevolução avançou, já a partir da primavera daquele ano (quando se encerrou a atividade do jornal), com Marx sendo compelido a buscar refúgio em Paris (donde logo foi expulso), Engels alinhou-se nas filas do exército revolucionário de Baden-Palatinado, tornando-se ajudante de campo de um de seus comandantes, August Willich, e participando com destaque de várias batalhas – inclusive na de Rastatt, em julho de 1849, depois da qual, derrotados pelos prussianos, os revolucionários tiveram de cruzar a fronteira para a Suíça.

As lideranças revolucionárias do processo de 1848-1849 que conseguiram escapar à sanha repressiva dos vitoriosos experimentaram uma dolorosa diáspora nos últimos meses de 1849 – e parte delas rumou para a Inglaterra, especialmente para Londres. Para lá dirigiu-se Engels, após várias peripécias; ele chegou à cidade em novembro, e Marx já o esperava. Na capital inglesa, permaneceria um ano, até meados de novembro de 1850, quando haveria de se transferir para Manchester (Marx, sabe-se, jamais abandonaria Londres, radicando-se ali até o fim de seus dias). Foi um ano dificílimo. Durante esses quase doze meses em Londres, Engels alojou-se no pobre Soho (Macclesfield Street, n. 6), próximo ao local em que a família Marx se instalara.

Os revolucionários de 1848 que aportaram em Londres após a derrota de 1849 encontraram-se em péssimas condições de vida. Para obviá-las, Marx e Engels – que se viram, como todos os outros, na mesma situação – trataram de organizá-los para buscar apoio e solidariedade, com o suporte de uma antiga Associação Cultural dos Trabalhadores Alemães de Londres. Através de um Comitê de Ajuda aos Refugiados Alemães, logo transformado por eles

---

[13] Ver Karl Marx e Friedrich Engels, *Nova Gazeta Renana*, cit.

em Comitê Social-Democrata de Ajuda aos Refugiados Alemães, dirigido por membros da Liga dos Comunistas, foi possível amenizar em algum grau as carências materiais que afligiam os exilados.

O exílio – que, na vida dos revolucionários, quase sempre resulta de uma derrota – não somente engendra solidariedades e autocríticas necessárias, como também agrava e exaspera tensões, produz cizânia e divisão e até mesmo comportamentos patéticos (comportamentos que, no caso dos emigrados pequeno-burgueses, Marx e Engels satirizaram, em 1852, no texto *Os grandes homens do exílio*). Foi o que se passou entre os que acorreram à Inglaterra e também afetou a Liga dos Comunistas, entre 1850 e 1852. Em Londres, a direção da Liga, durante o ano 1850, fez esforços para manter mobilizados e unidos os seus membros, tanto os que estavam exilados quanto os que ainda se mantinham no continente, subsistindo na clandestinidade. Nas duas *mensagens* que a direção central emitiu (em março e junho de 1850)[14], fazendo um balanço do processo de 1848-1849 e indicando as tarefas para o futuro imediato – prevendo, aliás, uma iminente retomada do movimento revolucionário –, evidencia-se o empenho para assegurar a continuidade da organização. O empenho foi baldado: já em setembro de 1850, divergências profundas se manifestaram entre os membros da direção e se acentuaram no curso de 1851, opondo à maioria liderada por Marx e Engels a minoria reunida em torno de Willich e Schapper – e chegaram ao ponto da ruptura, determinando a decisão da maioria, tomada no ano seguinte (novembro de 1852), de dissolver a organização.

Fatores vários contribuíram para a cisão da Liga, mas o determinante foi a questão da *continuidade imediata* do processo revolucionário e, nessa continuidade, a sua relação com segmentos não proletários. Até o verão de 1850, a direção da Liga, com Marx e Engels à cabeça, sustentava que a derrota de 1849 não travaria a vaga revolucionária – implicava somente uma paragem transitória, uma acalmia efêmera, com o processo logo retomando um ritmo ascendente. Porém, a análise que os dois empreenderam durante o verão demonstrou-lhes que essa projeção era equivocada: examinando criteriosa e cuidadosamente a conjuntura da economia internacional, eles concluíram que o ciclo de crise aberto em 1846-1847, que desempenhara papel central para a explosão revolucionária de 1848-1849, estava sendo superado – e daí inferiram, corretamente, que uma retomada imediata da dinâmica revolucionária

---

[14] A primeira delas encontra-se disponível em Karl Marx e Friedrich Engels, *Lutas de classes na Alemanha* (trad. Nélio Schneider, São Paulo, Boitempo, 2010), p. 53-75.

carecia de base objetiva. Com essa análise, *Marx e Engels descartaram a hipótese de uma nova onda revolucionária em curtíssimo prazo* – resumidamente, afirmaram que a revolução não estava na esquina mais próxima da história e que era ilusória a sua possibilidade numa conjuntura de prosperidade econômica. Foi o que Marx expôs na reunião da direção da Liga em 15 de setembro de 1850 e deflagrou o processo de cisão que resultou, depois de longas e desgastantes polêmicas intestinas, na dissolução da organização. Dissolvida a Liga, Marx e Engels se afastaram de qualquer militância política formal até a segunda metade dos anos 1860.

Com essa muito breve, porém importante referência à análise a que Marx e Engels submeteram a conjuntura internacional no verão de 1850, publicada na revista que mencionaremos logo a seguir, *revisando* a posição que até então tinham mantido, podemos retomar diretamente a biografia de Engels.

Nesse primeiro ano de exílio, ele (assim como Marx) não se prendeu somente às atividades práticas da solidariedade aos camaradas exilados e à militância nas tarefas da Liga. Ademais dessas atividades e militância, prosseguiu seus estudos e reflexões. O ensaio mais significativo que escreveu, precisamente naquele verão, foi o supracitado "As guerras camponesas na Alemanha" – publicado num dos poucos números do periódico que, juntamente com Marx, animou durante o ano de 1850, a *Nova Gazeta Renana: Revista Político-Econômica*. Nessa mesma revista de vida efêmera, saiu o seu ensaio "A campanha da constituição imperial alemã", em que ele tematiza a insurreição de Baden-Palatinado, da qual participou diretamente. Se, nesses dois textos, comparece a referência ao processo revolucionário de 1848-1849, o seu estudo sistemático será o objeto de Engels em "Revolução e contrarrevolução na Alemanha", preparado por ele entre agosto de 1851 e setembro de 1852 como uma série de artigos publicados com a firma de Marx no *New York Daily Tribune* [Tribuna Diária de Nova York][15] – essa forma de colaboração com Marx é conhecida: sabe-se que, dos 487 artigos publicados por Marx nesse órgão entre 1852 e 1862, pelo menos 125 foram redigidos por Engels (além disso, este elaborou 51 dos 67 verbetes que saíram de Marx na *New American Cyclopaedia* [Nova enciclopédia americana], lançada na época pelos mesmos editores do jornal nova-iorquino).

Em novembro de 1850, Engels transferiu-se para Manchester, onde viveria até 1870, e teve início o seu "cativeiro egípcio". Reatou seus vínculos familiares

---

[15] O estudo engelsiano está acessível em Friedrich Engels, *A revolução antes da revolução I*, cit., p. 165-301.

(na realidade, ele só tinha rompido relações com o pai, mantendo-as notadamente com a mãe e a irmã Marie) e concertou com o velho Engels o seu ingresso no que considerava o mundo dos "negócios imundos", do qual se aproximara no seu período de Bremen e conhecera na mesma Manchester em 1842-1844, mundo no qual permaneceria envolvido até 1869. A decisão de fazê-lo foi tomada consciente e pragmaticamente: tratava-se de garantir a sobrevivência no presente e no futuro, ao mesmo tempo assegurando-se meios que lhe propiciassem uma vida minimamente confortável (Engels jamais cedeu à demagogia dos pregadores do ascetismo) e condições para apoiar regularmente a família Marx e eventualmente outros revolucionários. E levou a cabo tal decisão sempre trabalhando na indústria têxtil, junto com os irmãos Ermen – em quase vinte anos de labuta, ascendeu de simples gestor a coproprietário de empresa.

Nessas duas décadas, Engels resistiu à monotonia manchesteriana não se limitando ao círculo dos "cavalheiros da indústria" com os quais era obrigado a conviver; estabeleceu relações com figuras interessantes que viviam na cidade, como o médico Eduard Gumpert, o químico Carl Schorlemmer e o advogado Samuel Moore, além de contar com a presença próxima do camarada de lutas Wilhelm Wolff, o querido "Lupus", que foi para Manchester ganhar a vida lecionando alemão. E tinha ainda a seu lado a companheira Mary Burns; depois de sua morte, em 1863, passou a viver com a irmã dela, Lydia ("Lizzy", "Lizzie") Burns. Ademais, viajava com frequência a Londres para visitar a família Marx – e muitas vezes Marx e algumas de suas filhas deslocavam-se a Manchester para encontrar o amigo e era profusa a correspondência que trocavam. Durante esses anos, ele também fez viagens mais longas: em 1856, à Irlanda; em 1860, à Alemanha, quando do falecimento do pai; em 1864, aos ducados de Schleswig e Holstein; em 1867, à Suécia, Dinamarca e Alemanha; e, em 1869, novamente à Irlanda.

É de notar que, afastado de Londres, a atividade jornalística de Engels – muito estimulada inicialmente pela colaboração prestada a Marx na preparação de matérias a serem divulgadas na imprensa nova-iorquina – não foi interrompida no curso do "cativeiro egípcio". Essa atividade, que ainda no final dos anos 1850 se expressou em textos publicados no *Das Volks* [O Povo], editado em Londres, continuou com artigos, de 1860 a 1864, para a *Allgemeine Militär-Zeitung* [Gazeta Militar Geral], prestigiado periódico alemão, e materiais avulsos, na mesma década, para o vienense *Die Presse* [A Imprensa]. O exame da produção jornalística de Engels desses anos, que é impossível sumariar num escorço como o aqui apresentado, revela que – ademais da *posição internacionalista* que sempre sustentou – na sua base está um acurado acompanhamento dos processos históricos e políticos subjacentes ao largo elenco dos temas que nela são tratados; ele não aborda as questões que traz à luz sem aludir à sua gênese, à sua complexa causalidade e às suas conexões – em síntese, um tal exame mostra que as suas exposições e as suas avaliações históricas e políticas resultam sempre de pesquisa criteriosa e aprofundada.

No curso do "cativeiro egípcio", Engels não se limitou a acumular o conhecimento instrumental e operativo que a sua inserção sócio-ocupacional como gestor capitalista lhe demandava e que ele soube adquirir. Ele não se tornou mais uma vítima da divisão sociotécnica do trabalho própria da sociedade burguesa – encontrou o tempo e reuniu a energia necessários para superá-la, cultivando o espírito e ampliando ainda mais os seus já largos horizontes culturais. As noites de Manchester eram dedicadas à leitura e ao estudo: naquelas longas duas décadas, Engels adensou o seu trato com a literatura clássica, dedicou-se a aperfeiçoar o seu domínio de idiomas, cuidou de estender e aprofundar o seu saber histórico e econômico e avançou significativamente no conhecimento das ciências naturais (física, química e biologia).

O "cativeiro egípcio" chegou ao fim pouco antes de ele completar 49 anos: em 30 de junho de 1869, acertou com o sócio Gottfried Ermen a sua retirada da empresa – e, no dia seguinte, escreveu a Marx: "Querido Mouro [apelido com que Marx era tratado pelos íntimos]: Hurra! Hoje acabei com este *doux commerce* [doce comércio] e sou um homem livre!". Levou ainda algum tempo para encerrar todos os seus negócios em Manchester: só em 20 de setembro de 1870 transferiu-se para Londres, instalando-se – com um discreto conforto garantido por tantos anos de trabalho – na Regent's Park Road, n. 122, a dez minutos de caminhada da casa de Marx, o que lhe propiciou um convívio quase diário com o companheiro de ideias e combates. Aos cinquenta anos, um Engels robusto e saudável, apaixonado pela vida e pela revolução, pôde enfim reingressar, e abertamente, na luta política.

Voltava às lides revolucionárias numa quadra histórica bem diversa daquela em que começara o "cativeiro egípcio": a classe trabalhadora euro-ocidental, com um contingente mais amplo e diferenciado, superara os traumas da derrota de 1849 – e contava agora com uma organização eficiente, a Associação Internacional dos Trabalhadores (AIT), criada em 1864; os trabalhadores ingleses dispunham de instrumentos sindicais fortes; na Alemanha, em que se operava um tardio, contudo veloz, desenvolvimento capitalista, desde inícios dos anos 1860 o movimento operário emergira para a vida político-partidária; na França, o bonapartismo, vigente a partir de 1852 e sempre combatido por ele e Marx, viu-se vencido pela República no mesmo mês em que se estabeleceu em Londres; uma potência surgia na América do Norte; as periferias moviam-se e o Oriente despertava... Uma *segunda revolução industrial* estava em curso e o capitalismo, bem como o mercado mundial que produzira, experimentava mudanças rápidas em todos os níveis. Se comparado ao de vinte anos atrás, era todo um mundo novo, cuja gestação Engels acompanhara atentamente desde Manchester – e ele estava preparado para intervir.

Surgida nos anos revolucionários do final da década de 1840, a aura da sua coragem política e da sua valentia nos confrontos de classes não esmaecera durante os anos passados em Manchester – por isso, e por proposta de Marx, em 4 de outubro de 1870 ele foi eleito, por unanimidade, membro do Conselho Geral da AIT e, no seu âmbito, logo assumiu responsabilidades das quais se desincumbiu eficaz e competentemente: foi de início secretário-correspondente do Conselho Geral para a Bélgica e depois assumiu posto similar em relação à Espanha e à Itália – e foi um orientador/conselheiro político que as forças revolucionárias desses países reconheceram como altamente valioso.

No Conselho Geral, sua assiduidade às reuniões impressionou a todos, tanto quanto a pertinência e a qualidade das suas proposições. Especialmente mais respeito ele passou a inspirar quando a AIT tomou a intransigente defesa dos trabalhadores que, em março de 1871, proclamaram a Comuna de Paris: na sua intervenção no Conselho Geral, em 21 de março, ele apresentou ao coletivo dirigente a primeira informação sistemática da insurreição e, na reunião de 11 de abril, deu o tom da posição que, capitaneada por Marx e ele, fez da AIT um sustentáculo da causa dos *communards*. Na sequência do massacre que Adolphe Thiers, com o apoio de Otto von Bismarck e sob as bênçãos do papa Pio IX, perpetrou contra a Paris revolucionária na *semana sangrenta* de 21 a 28 de maio, Marx e ele estiveram à frente da solidariedade aos vencidos e da denúncia dos crimes bárbaros dos vencedores.

O trabalho de Engels como dirigente da AIT não perdeu relevo depois da derrota da Comuna, e desempenhou papel fundamental na preparação, organização e realização da conferência que a AIT realizou em Londres, em setembro de 1871. Tratou-se de evento sumamente importante, que debateu a necessidade de redimensionar a intervenção política da AIT e promover mudanças na sua estrutura organizacional de modo a garantir a sua eficácia e, sobretudo, a sua unidade – naquele momento duplamente ameaçada: de um lado, por segmentos oportunistas, que desejavam reduzi-la a um organismo meramente reformista e, por outro, pelos adeptos do anarquista Mikhail Bakunin, que pretendiam torná-la um instrumento de sua facção partidária (a chamada Aliança da Democracia Socialista). Nessa conferência, as posições dos anarquistas foram derrotadas pela direção representada por Marx e Engels, com os dois camaradas fazendo fogo cerrado contra os bakuninistas – em maio de 1872, um texto de autoria de ambos ("As pretensas cisões na Internacional")* foi difundido como "circular privada" do Conselho Geral da AIT. As resoluções da conferência de Londres, porém, estiveram longe de construir, entre as bases da organização, um consenso unificador. Assim, a vitória que a direção capitaneada por Marx e Engels obteve novamente no decurso do V Congresso da AIT, realizado em Haia, em setembro de 1872, não garantia condições para a sua continuidade operativa e a direção não questionou – antes, patrocinou, para a surpresa de muitos – a proposta (aliás, apresentada pelo próprio Engels) de transferir a sede do Conselho Geral para Nova York. Era a forma diplomática de "congelar" a AIT – como se pode inferir da correta análise do pesquisador italiano Marcello Musto[16] –, o que levou à sua dissolução pouco tempo depois.

Após o último congresso da AIT, Engels começou a trabalhar num projeto teórico-filosófico ambicioso, do qual deu conta a Marx em carta de 30 de maio de 1873: estudioso e conhecedor do desenvolvimento das ciências naturais, ele pretendia elaborar a crítica do materialismo vulgar que fundava o pensamento de naturalistas alemães – visibilíssimo em expoentes como Karl Vogt[17], Ludwig Büchner e Jacob Moleschott. A Engels interessava demonstrar que o objeto das ciências naturais era, assim como o das ciências históricas, regido por leis dialéticas – vale dizer, que a dialética operava tanto na natureza como na sociedade. A obra que tencionava escrever, e que ele nunca concluiu – mas deixou centenas de páginas, quase todas publicadas postumamente –, ocupou-o em dois momentos: de maio de 1873 a maio de 1876, quando pesquisou e reuniu farta documentação; de 1878 a 1883, quando, já tendo definido o plano expositivo, iniciou a redação mais cuidadosa. A interrupção do trabalho em 1876 deveu-se ao seu empenho na crítica a Eugen Dühring, já referida e a que voltaremos a seguir; a inconclusão da

---

\* Em Karl Marx e Friedrich Engels, *Obras escolhidas* (trad. José Barata Moura et al., Lisboa, Avante! Moscou, Progresso, 1982-1985), 3 v. (N. E.)

[16] Refiro-me aqui à análise de Musto na "Introdução" de Marcello Musto (org.), *Trabalhadores, uni-vos! Antologia política da I Internacional* (São Paulo, Boitempo, 2014), p. 19-87.

[17] Cientista que, no final dos anos 1850, comprovadamente a serviço do bonapartismo, infamou a ação de revolucionários alemães, nomeadamente Marx, que denunciou suas calúnias no célebre *Senhor Vogt* (trad. Maria da Graça Morais Sarmento, Lisboa, Iniciativas Editoriais, 1976).

obra, depois de 1883, compreende-se pelo esforço empreendido por ele para a edição dos Livros II e III d'*O capital*. A primeira publicação integral dos manuscritos engelsianos, sob o título *Dialética da natureza*, só ocorreu em 1925, na antiga União Soviética – e, desde então, é um dos textos mais discutidos da tradição marxista.

Em 1875, um processo político ocorrente na Alemanha atrai a especial atenção de Marx e Engels. Nos anos 1860, surgiram dois novos sujeitos coletivos na cena política alemã, ambos com o caráter de partidos políticos: em maio de 1863, o talentoso publicista e orador de massas Ferdinand Lassalle, com quem Marx e Engels tiveram relações entre amistosas e polêmicas[18], fundou em maio de 1863 a Associação Geral dos Trabalhadores Alemães (em alemão, ADVA) e, em agosto de 1869, sob a liderança do publicista Wilhelm Liebknecht e do operário August Bebel, foi criado o Partido Social-Democrata dos Trabalhadores Alemães (em alemão, SDPA), que se reivindicou como inspirado por Marx e Engels. O aparecimento dessas duas organizações sinalizava o amadurecimento político das massas trabalhadoras alemãs, e apontava para um crescente protagonismo delas no cenário europeu (como Marx e Engels logo perceberam). Pois bem: as duas organizações se aproximaram nos primeiros anos da década de 1870 e, entre finais de 1874 e princípios de 1875, iniciaram tratativas para se fundirem num só partido político.

Tanto Marx quanto Engels sempre apostaram na unidade das forças representativas dos interesses dos trabalhadores, desde que construída sobre bases teóricas e programáticas claras e não sobre interesses de ocasião – e eram estes os que estavam norteando a unificação em curso. Examinando o projeto programático que foi apresentado, em março de 1875, para conduzir a unificação, ambos se pronunciaram de modo muito crítico e negativo – Engels numa longa carta a Bebel, de 18-28 de março, e Marx num texto de começos de maio, endereçado aos dirigentes do SDPA (que não o divulgaram)[19]. As críticas de Engels e Marx não surtiram nenhum efeito: no congresso que teve lugar em Gotha, entre 22 e 27 de maio, os dois grupamentos se fundiram num

---

[18] Sobre as relações entre Marx e Lassalle, ver José Paulo Netto, *Karl Marx: uma biografia*, cit., p. 281-7. Ver também, sobre a polêmica literária travada por Marx e Engels com Lassalle em fins dos anos 1850, György Lukács, *Marx e Engels como historiadores da literatura* (trad. Nélio Schneider, São Paulo, Boitempo, 2016).

[19] O texto marxiano só veio a público em 1891, por iniciativa de Engels. Ver Karl Marx, *Crítica ao Programa de Gotha* (trad. Rubens Enderle, São Paulo, Boitempo, 2012).

só partido. E o programa enfim adotado foi duramente avaliado por Engels, numa correspondência enviada a Wilhelm Bracke em 11 de outubro.

Os resultados problemáticos dessa fusão ficaram logo evidentes no confusionismo e no ecletismo ideológicos que se instalaram no novo partido, bem expressos no que se lia no seu jornal, o *Vorwärts* [Avante], que começou a circular em 1º de outubro de 1876 – o periódico partidário saudava as ideias de Eugen Dühring, que vinha sendo alçado à condição de grande teórico da social-democracia unificada.

Diante da crescente influência de Dühring, acadêmico que aparentava ser homem de cultura enciclopédica, Engels viu-se levado a examinar os seus escritos e a fazer deles uma crítica rigorosa. Em maio de 1876, ele começou a trabalhar sobre os textos de Dühring, numa pesquisa que prosseguiu nos meses seguintes e cujos resultados analíticos foram publicados pelo *Vorwärts* em três séries: a primeira, composta de vinte artigos, de janeiro a maio de 1877; a segunda, com nove artigos, de junho a dezembro de 1877; e a terceira, com cinco artigos, de maio a julho de 1878 – e todos os artigos, reunidos, consolidaram-se no livro *A revolução da ciência segundo o senhor Eugen Dühring*, publicado em agosto de 1878 e conhecido popularmente como *Anti-Dühring*. O livro teve a sua redação acompanhada por Marx e não só: Marx contribuiu formalmente com o trabalho, escrevendo a parte que figura como o capítulo X da segunda seção[20] (o conteúdo do livro distribui-se em três seções: filosofia, economia política e socialismo). E cumpre observar que Engels, a pedido de Paul Lafargue, extraiu do seu livro excertos que foram publicados na França, em 1880, numa brochura autônoma, prefaciada por Marx, sob o título *Do socialismo utópico ao socialismo científico*\*, depois vertida em vários idiomas – para a versão inglesa, que saiu em 1892, Engels preparou um longo e rico prefácio.

A forma expositiva adotada por Engels no *Anti-Dühring* responde pelo êxito editorial desse seu livro, provavelmente aquele que mais leitores encontrou no decorrer do tempo: à medida que, clara e ironicamente, vai desmontando o "sistema" de Dühring, ele sintetiza, em contraponto e linguagem cristalina, as concepções de Marx e as suas próprias. A obra, sob esse aspecto, constituiu a primeira súmula, quase didática, das ideias que seriam tomadas como fundantes do que logo depois veio a chamar-se *marxismo*. Por isso mesmo, o *Anti-Dühring* conquistou uma importância ímpar na formação das primeiras gerações que se reivindicaram marxistas – aliás, conhecedores dessas gerações

---

[20] Friedrich Engels, *Anti-Dühring*, cit., p. 252-85.
\* Trad. Rubens Eduardo Frias, 2. ed., São Paulo, Centauro, 2005. (N. E.)

e da sua formação, como David Riazanov, verificaram que, para muitos dos seus integrantes, "o *Anti-Dühring*, depois d'*O capital* e com ele, é a obra mais importante do marxismo". É desnecessário assinalar que, precisamente dada a relevância de que se revestiu o *Anti-Dühring*, não foram poucas as críticas que posteriormente lhe foram dirigidas[21].

Pouco depois da publicação em livro da sua crítica a Dühring, Engels sofreu um duro golpe: Lizzie, sua companheira por cerca de quinze anos, faleceu em 12 de setembro de 1878. Mas ele não teve muito tempo para se sentir abatido: em outubro, Bismarck fez passar no Parlamento uma legislação antissocialista, que permaneceu vigente até setembro de 1890 – e abriu-se uma nova frente de luta para o incansável revolucionário.

Nunca, desde o seu ingresso na cena política, Marx e Engels deixaram de combater o regime prussiano e quando, sob Guilherme I, na entrada dos anos 1860, Bismarck tornou-se o homem forte da Prússia, ambos, Marx e Engels, compreenderam que o regime haveria de evoluir para uma forma específica de bonapartismo. E foi sob essa forma, ao cabo da guerra franco-prussiana (1870-1871), que Bismarck concluiu – por via antidemocrática – o processo de unificação da Alemanha. A legislação antissocialista de 1878 tinha por objetivo garantir o bonapartismo bismarckiano, que se via ameaçado pelo crescimento do partido que resultou do Congresso de Gotha: em 1877, nas eleições de janeiro para o Parlamento nacional, já elegia doze deputados; influía sobre grande contingente de trabalhadores (tinha sob seu controle cerca de quarenta órgãos de imprensa) e contava com mais de 30 mil militantes. A legislação antissocialista, com todo o seu rigor, porém, não foi capaz de suprimir o partido, que resistiu através de estratagemas legais e meios clandestinos – os frutos dessa resistência colheram-se quando as leis em vigor desde 1878 foram canceladas e o partido, tornando-se uma organização de massas, cresceu num ritmo espetacular e surpreendente, confirmando a previsão de Engels, expressa num artigo de 1879.

Desde a derrota da Comuna de Paris, Engels, assim como Marx, passara a dedicar especial atenção à Alemanha – ambos perceberam que ali as possibilidades concretas de transformações revolucionárias ganhavam densidade, que o regime de Bismarck não tinha condições de eliminar, à medida que o desenvolvimento capitalista no país – com o crescimento da indústria e da urbanização – engendrava um proletariado cuja consciência de classe avançava (como indicaria a resistência do partido social-democrata, que a legislação

---

[21] Sobre algo dessas críticas, permito-me remeter os mais interessados à minha "Apresentação" a Friedrich Engels, *Anti-Dühring*, cit., p. 9-28.

antissocialista não foi capaz de cancelar). E a partir do final dos anos 1870, os dois, por intermédio das suas relações com os dirigentes social-democratas, da sua correspondência e da sua intervenção na imprensa, atuaram muito ativamente na política alemã. A Marx, falecido em 1883, não foi possível apreciar os grandes progressos dos trabalhadores do seu país; mas Engels, que sobreviveu doze anos ao amigo, pôde assistir a tais progressos e a eles ofereceu contribuições ponderáveis – e, diga-se de passagem, especialmente nos seus últimos anos, avaliou-os com um otimismo tal que beirou o entusiasmo. E, quando julgou necessário, seu contributo ao partido alemão foi admoestação e crítica, como o comprovam, em 1891, as suas reservas à linha editorial do *Vorwärts* e em face do projeto de programa que precedeu o Congresso de Erfurt.

Todavia, a centralidade que a política alemã adquiriu para ambos nesses anos não reduziu os seus cuidados para com a situação internacional. No caso de Engels, que nos interessa particularmente aqui, registra-se a sua atividade principalmente por meio da imprensa (seus textos jornalísticos foram publicados em diversos países), da sua correspondência (que se avolumou enormemente após a morte de Marx), dos seus contatos pessoais (a sua casa em Londres tornou-se um espaço aberto a intelectuais e revolucionários de toda a Europa) e, como não poderia deixar de ser num homem como ele, dos estudos que continuou realizando até a abertura da década de 1890.

Nos anos 1880, ele produz dois ensaios notáveis. Em 1884, concretizando um projeto marxiano irrealizado, publica o já citado *A origem da família, da propriedade privada e do Estado* – obra pioneira em que, além de recuperar as formulações autógrafas de Marx sobre as pesquisas do antropólogo estadunidense Lewis H. Morgan, ele desenvolve, à base da melhor documentação existente na época, uma abordagem original (e polêmica) sobre os temas nomeados no título; ressalte-se que há, nessa obra, tematizações que configuram um feminismo *avant la lettre*. E apresenta, em 1886, na forma de brochura, o já mencionado *Ludwig Feuerbach e o fim da filosofia clássica alemã*, antes saído no órgão teórico do partido social-democrata, a revista *Die Neue Zeitung*. Nesse texto enxuto, ele resgata os avanços e os limites da obra de Feuerbach, situando-a no marco da dissolução do hegelianismo e expondo, paralelamente, o que de essencial ele (bem como Marx) incorporou e transformou do legado de Hegel – a dialética. Observe-se que foi pelas mãos de Engels que as fundamentais "Teses sobre Feuerbach"*, de Marx, vieram pela primeira vez à luz pública – anexadas que foram a esse ensaio engelsiano.

---

\* Em Karl Marx e Friedrich Engels, *A ideologia alemã*, cit. (N. E.)

Da morte de Marx em diante, Engels entregou-se especialmente à edição d'*O capital* – já assinalamos que foi graças a ele que os Livros II e III da *opus magnum* se nos tornaram acessíveis. O trabalho e o esforço que investiu no que se impôs como tarefa incontornável foram imensos e ocuparam-no por uma década. Quando percebeu que lhe poderiam faltar energias para avançar no empreendimento que assumiu como último preito ao amigo desaparecido, tratou de – pessoalmente – qualificar intelectuais mais jovens para cuidar, com ele e a seu lado, dos manuscritos marxianos; escolheu-os cuidadosamente em 1889: Eduard Bernstein e Karl Kautsky. Mas não se ateve somente à grande obra inacabada: providenciou traduções e reedições de materiais marxianos, para as quais preparou introduções e prefácios.

À beira dos setenta anos, sua intensa atividade intelectual não travou seus desejos de viajar por puro prazer, sem quaisquer compromissos, nem o impediu de participar de eventos em que o movimento dos trabalhadores celebrava avanços – foi assim que, no verão de 1888, viajou aos Estados Unidos, conhecendo Nova York e Boston e, navegando por lagos e rios, chegou a Montreal e, em julho de 1889, teve presença marcante no congresso que abriu a via à criação da nova Internacional Socialista, em Paris.

Na abertura dos anos 1890, dispunha ainda de vitalidade para escrever, defender o legado de Marx, polemizar, considerar as novidades do mundo... Uma vitalidade renovada pela política: partidos operários e social-democratas estavam ganhando vulto em toda a Europa; as ideias de Marx propagavam-se na Rússia; nas eleições nacionais para o Parlamento alemão, de fevereiro de 1890, o partido social-democrata alcançou quase 1,5 milhão de votos e elegeu 35 candidatos, enterrando a legislação antissocialista... Assim animado, continuou a escrever textos para jornais e revistas e a reeditar materiais marxianos e alguns de sua autoria e, precedendo-os de novas introduções, não se eximia de revisões e atualizações, algumas das quais polêmicas e estimulantes; na imprensa partidária, se por qualquer razão mutilavam um texto seu, protestava vigorosamente; na sua correspondência, alertou para o reducionismo que convertia o método marxiano em reducionismo econômico e insistiu na necessidade de pesquisas rigorosas; advertiu para os riscos do militarismo e a perspectiva de uma guerra em escala mundial... E, com disposição surpreendente, voltou a viajar: em julho-agosto de 1893, saiu de Londres para desfrutar de um longo percurso pelo continente, que culminou em Zurique. Nessa cidade suíça, viveu um momento muito especial: a nova Internacional (que se tornou conhecida como Segunda Internacional) realizava então o seu III Congresso. Quando Engels, na sessão de encerramento (12 de agosto), chegou ao plenário, cerca de quatrocentos delegados, de vinte países – o que demonstrava "a existência efetiva da organização política do socialismo em âmbito mundial" (como justamente anotou o fino analista Ronald Rocha)[22] –, foi-lhe entregue a Presidência da mesa. Seu discurso (em inglês, francês e alemão), em que celebrou o evento como resultado da obra de Marx, foi acolhido com emocionante aplauso.

Nos dois anos seguintes, a sua saúde viu-se abalada – embora tenha escrito até o mês de julho de 1895. Em abril desse ano, diagnosticaram-lhe um câncer no esôfago (mas ocultaram-lhe a informação). Em princípios de junho, deslocou-se para Eastbourne, em busca de alívio às fortes dores – que suportava com estoicismo. Em 24 de julho retornou a Londres, à casa para a qual se mudara em agosto de 1894, na mesma Regent's Park Road, mas agora no número 41. E nela faleceu, às 22 horas e 30 minutos do dia 5 de agosto de 1895.

Conforme a sua vontade expressa, seu corpo foi cremado e, em 27 de agosto, um pequeno grupo de amigos lançou ao mar a urna com suas cinzas, a pouca distância da costa de Eastbourne – foi num dia cinzento e tempestuoso, que anunciava o outono.

\* \* \*

Nenhum historiador sério do pensamento ocidental ignora a importância de Engels no quadro das ciências sociais que emergiram no século XIX. No que diz respeito aos pensadores e militantes revolucionários, sejam marxistas ou não, insiram-se ou não na diferenciada tradição marxista, parece fora de questão que ele deve ser considerado um *clássico*. Mas em que esse *clássico*, para além dos conhecimentos que elaborou, pertinentes ao capitalismo da segunda metade do século XIX, pode nos ser útil *hoje*, no nosso necessário enfrentamento da problemática – e das alternativas que ela comporta – do tardo-capitalismo do século XXI?

É evidente que não cabe esperar, da intervenção necessariamente sumária que estou a concluir agora, mais que umas poucas pistas indicativas para sinalizar a *atualidade* de Engels.

Estou convencido de que a atualidade de Engels (eu diria mesmo: a sua *contemporaneidade* em relação a nós) não reside especialmente nas respostas que elaborou para os problemas que a sua reflexão e a sua pesquisa tomaram como

---

[22] Ver Ronald Rocha, *O movimento socialista no limiar dos impérios financeiros* (Belo Horizonte, O Lutador, 2006), p. 54.

objetos. Vale dizer: não devemos procurá-la sobretudo nas soluções teóricas e práticas que ele nos ofereceu – ainda que o conhecimento delas, há de enfatizá-lo, nos seja indispensável, e ainda que muitas delas sejam válidas para os dias correntes. Penso que a atualidade de Engels encontra-se substantivamente:

1. no modo como ele se utilizou da *concepção teórico-metodológica crítico-dialética*, descoberta/formulada por Marx com a sua colaboração. Jamais a considerou dogmaticamente, quer nas suas análises concretas, quer nas apreciações críticas do seu emprego pelos jovens marxistas do seu tempo: ele envelheceu e morreu sustentando que o método crítico-dialético não era mais que um "guia para o estudo";

2. no peso real, efetivo, que a *pesquisa* – de todo tipo (da recolha de elementos empírico-factuais ao exame documental) – teve para ele como *requisito elementar* para as inferências analíticas e para as reproduções ideais (que aspiram à verdade) do movimento dos objetos postos ao sujeito do conhecimento;

3. na clara consciência que ele sempre revelou ao distinguir entre o *caráter relativo do conhecimento* – as limitações que lhe impõe a sua contextualidade histórica e, portanto, são superáveis no evolver do processo histórico – e o *relativismo* que exclui de qualquer conhecimento a pretensão à verdade – devido ou à incognoscibilidade do objeto ou a limites imanentes e inultrapassáveis da razão humana;

4. no cuidado que ele conferiu ao trato das *particularidades* na condução de toda pesquisa histórico-social, única alternativa ao empirismo rasteiro e à generalização abstrata (e, pois, a ponderação adequada, na pesquisa, das *mediações* operantes);

5. na atenção, que ele tanto exercitou, ao estado do desenvolvimento científico voltado para o conhecimento tanto da sociedade quanto da natureza – não para equalizar as suas diferenças, mas para impedir que suas legalidades específicas sejam indevida e ilegitimamente transladadas de um nível a outro (do natural ao social e vice-versa).

Vê-se que, do *clássico* Engels, mais me parece valioso o que dele se pode tomar como *lições* do que a sua *exemplaridade*. Essa opção é, obviamente, discutível, tanto mais que o seu *exemplo* é admirável: sua dedicação sem limites ao proletariado, sua inabalável paixão revolucionária, seu internacionalismo, sua firme convicção de que a passagem ao socialismo é a via para a emancipação humana. Tudo isso permanece, a meu ver, como um conjunto de valores duradouros e válidos para os nossos dias (e não só). No entanto, penso que tão importante quanto eles é a sua fundamentação teórica *a partir do conhecimento da realidade histórica contemporânea* (isto é, da realidade posta pelo tardo-capitalismo). E, salvo erro de avaliação, é essa fundamentação que ainda está por ser desenvolvida – e, carente desse desenvolvimento, a prática política adequada à realização daqueles valores estará comprometida.

Se essa hipótese for procedente, então a atualidade do pensamento de Engels decerto se comprovará mais nas suas lições do que na reivindicação do seu exemplo.

## Referências bibliográficas

ENGELS, Friedrich. *A revolução antes da revolução I*. Trad. Eduardo L. Nogueira e Conceição Jardim, São Paulo, Expressão Popular, 2008.

_____. *Anti-Dühring:* a revolução da ciência segundo o senhor Eugen Dühring. Trad. Nélio Schneider, São Paulo, Boitempo, 2015.

_____. *Dialética da natureza*. Trad. Nélio Schneider, São Paulo, Boitempo, 2020.

_____. *Friedrich Engels:* política. Trad. e apres. José Paulo Netto, São Paulo, Ática, 1981, coleção Grandes Cientistas Sociais, v. 17.

_____. *Ludwig Feuerbach e a saída da filosofia clássica alemã*. Trad. José Barata Moura, Lisboa, Avante!, 2019.

LUKÁCS, György. *Marx e Engels como historiadores da literatura*. Trad. Nélio Schneider, São Paulo, Boitempo, 2016.

MARX, Karl. *Crítica ao Programa de Gotha*. Trad. Rubens Enderle, São Paulo, Boitempo, 2012.

_____. *O capital:* crítica da economia política. Trad. Rubens Enderle, São Paulo, Boitempo, 2013-2017. 3 v.

_____. *Senhor Vogt*. Trad. Maria da Graça Morais Sarmento, Lisboa, Iniciativas Editoriais, 1976.

_____; ENGELS, Friedrich. *A ideologia alemã:* crítica da mais recente filosofia alemã em seus representantes Feuerbach, B. Bauer e Stirner, e do socialismo alemão em seus diferentes profetas. Trad. Luciano Cavini Martorano, Nélio Schneider e Rubens Enderle, São Paulo, Boitempo, 2007.

_____; _____. *Lutas de classes na Alemanha*. Trad. Nélio Schneider, São Paulo, Boitempo, 2010.

_____; _____. *Manifesto Comunista*. Trad. Álvaro Pina e Ivana Jinkings, São Paulo, Boitempo, 1998.

_____; _____. *Nova Gazeta Renana*. Trad. e org. Lívia Cotrim, São Paulo, Expressão Popular, 2020. 2 v.

_____; _____. *Obras escolhidas em três volumes*. Rio de Janeiro, Vitória, 196. v. 3.

MUSTO, Marcello (org.). *Trabalhadores, uni-vos!* Antologia política da I Internacional, São Paulo, Boitempo, 2014.

NETTO, José Paulo. *Karl Marx:* uma biografia. São Paulo, Boitempo, 2020.

ROCHA, Ronald. *O movimento socialista no limiar dos impérios financeiros*. Belo Horizonte, O Lutador, 2006.

# A criação do marxismo: polêmicas sobre Marx e Engels
Virgínia Fontes*

## Introdução

Abordaremos neste artigo – sem nenhuma pretensão exaustiva – alguns dos temas que suscitaram, suscitam e provavelmente continuarão a suscitar enormes controvérsias entre marxistas.

O primeiro fio condutor é um ponto de partida óbvio: Marx e Engels são autores, intelectuais, militantes sociais e políticos de estatura invulgar. Trabalharam juntos e em sintonia por quatro décadas, mas isso não diluiu suas personalidades numa entidade abstrata. Tão importante quanto estabelecer o

---

\* Virginia Fontes é professora da Pós-Graduação em História da UFF. Integra o Núcleo Interdisciplinar de Estudos e Pesquisas sobre Marx e o marxismo (Niep-Marx). Coordena o Grupo de Trabalho e Orientação (GTO). Docente da Escola Nacional Florestan Fernandes--MST. Coordenadora do GT História e Marxismo-Anpuh. Autora de *Reflexões Im-pertinentes* (2005), de *O Brasil e o capital-imperialismo: teoria e história* (2010), coautora de *Hegemonia burguesa na educação pública* (EPSJV, 2018) e de inúmeros artigos em periódicos nacionais e internacionais. (N. E.)

que é a contribuição específica de cada um, é compreender que o conjunto da obra *de cada um foi profundamente marcado pelo trabalho do outro*, sem falar que é difícil dimensionar o que foi atributo de cada um na expressiva parcela de trabalhos efetivamente realizados de maneira conjunta. Não se deve esquecer que, para além dos textos que produziram (livros e artigos publicados, manuscritos, cartas), foram muitas as conversas presenciais que tiveram ao longo desse tempo de amizade, luta e escrita.

O segundo fio condutor é o precioso alerta de Rosa Luxemburgo[1], que nos insta a ver a produção de Marx e Engels como histórica, longe de verdades acabadas e válidas para sempre, e sim como fonte inesgotável de exigências para prosseguir o trabalho intelectual de desvelamento das relações sociais e a luta política contra o capital e o capitalismo. Os desdobramentos deste artigo mostram como criações e recriações do marxismo são um procedimento corriqueiro, que dessacraliza a obra de Marx e Engels, ao mesmo tempo que evidencia crescentemente sua importância. Ambos, Marx e Engels, são cada dia mais imprescindíveis para o enfrentamento do capital.

O marxismo não é um conhecimento absoluto, mas um processo prático e teórico em ato, o que o liga permanentemente às diferentes conjunturas – esse é nosso terceiro fio. As respostas já elaboradas e seus percursos (método) são fundamentais, são pontos de partida de rigor inigualáveis, e eles apontam para a nossa profunda historicidade. A evidência das arestas e dos pontos de tensão entre as diversas escolas e tendências marxistas não remete apenas a idiossincrasias (embora elas também ocorram), mas aos novos problemas constituídos ao longo da história. A historicidade efetiva se conjuga nas conjunturas, e é nelas que os raros grandes pensadores precisam sua maior fidelidade aos mestres, tentando responder aos desafios de seu próprio tempo: em parte meros desdobramentos do já conhecido, em parte recuos dramáticos, em parte resultados inesperados da repetição das práticas do capital, que, ao desdobrar-se em escala ampliada, traz novos problemas e novas contradições. As conjunturas são momentos de atualização histórica e evidência dos desdobramentos das dinâmicas pregressas. A história não se reescreve integralmente em função das conjunturas, mas é nelas que novas questões se evidenciam e desdobramentos imprevistos vêm à luz, solicitando não a aplicação mecânica de uma teoria, mas convocando-a a pensar e agir sobre tais elementos.

---

[1] Rosa Luxemburgo, "O segundo e o terceiro volumes d'*O capital*", *Crítica Marxista*, n. 29, 2009, p. 135-43. Disponível em: <https://www.ifch.unicamp.br/criticamarxista/arquivos_biblioteca/artigo2015_06_04_10_09_5792.pdf>. Acesso em: 20 nov. 2020.

É também nas conjunturas, nos curtos lapsos de tempo, que se ressignificam, se requentam e até mesmo se falsificam argumentos já muito esgotados, os quais encontram novo fôlego, com o velho fantasiando-se de novidade.

Como muitas vezes lembrou Mario Duayer, grande intelectual e amigo falecido em janeiro de 2021, vítima da pandemia do coronavírus e da política genocida do governo Bolsonaro, o marxismo é como uma plataforma de pensamentos. Escalá-la é tarefa árdua, longa e necessária. Mas não suficiente. Uma vez chegado ao topo, é preciso lançar-se para agarrar o mundo concreto, atual. E esse lançamento é a vida constante, atribulada, conflitiva, genial – e por vezes derrotada – dos marxismos.

Não espere, portanto, o leitor um resultado final para os embates apresentados. Cada um deles envolveria longas pesquisas. O objetivo aqui é homenagear Engels no ano em que comemoramos os duzentos anos de seu nascimento, trazendo algumas das arestas que nos convocam ao trabalho, à pesquisa e à luta.

## O processo criador do marxismo

O texto mais conhecido e mais divulgado sobre o tema é o panfleto clássico de Lênin *As três fontes e as três partes constitutivas do marxismo*, redigido em 1913 para o aniversário de trinta anos da morte de Karl Marx. É uma intervenção curtíssima, na qual Lênin apresenta como fundamentos a filosofia alemã, a economia política inglesa e o socialismo francês. Embora mencione o socialismo francês (ele foi um grande estudioso da Comuna de Paris), Lênin não o desenvolve, mas traça algumas linhas sobre a precoce emergência de socialismos utópicos, visando ressaltar a centralidade das *lutas de classes* na obra de Marx[2].

Apesar de brilhante, esse pequeníssimo texto de combate não alcança toda a complexidade envolvida na elaboração realizada por Marx e Engels. Se é certo que nossos autores devem enormemente a essas três fontes, a obra marxista original – considerada aqui o conjunto dos escritos de Marx e Engels – não se limita a retomar ou desenvolver tais tradições anteriores. Ela envolve elementos complexos de efetiva construção, produção, criação singular de cada um dos autores da dupla e da enorme potência criativa que resultou da reunião de dois grandes pensadores, pesquisadores e militantes. Sem falar do constante apreender em processo, pelo acompanhamento, pelo estudo, pela pesquisa do

---

[2] Vladímir I. Lênin, *As três fontes e as três partes constitutivas do marxismo* (trad. Armandina Venâncio, São Paulo, Global, 1978), p. 38.

movimento histórico (econômico, político, cultural, social, geográfico etc.) das mais diferentes ciências então em constituição, bem como da expansão e das contradições da própria relação social de capital, processos permanentemente reintegrados à reflexão teórica.

A obra conjunta de nossos autores é um produto histórico possibilitado pelo amadurecimento de inúmeras contribuições e contradições da época, mas não nasce apenas delas, que são meramente condições de possibilidade. Essa obra monumental deriva da *atividade sensível*, do trabalho efetivo e de longa e árdua confecção de nossos autores, garantido e estimulado por sua intensa participação nas lutas dos trabalhadores. Eles produziram algo muito mais profundo e denso do que a reunião ou a síntese dos melhores resultados anteriores, ainda que tenham absorvido o melhor dessas tradições, sempre após detalhado exame crítico, o que envolveu todo o tempo intensos debates e disputas com outros autores e militantes.

Marx e Engels viveram no período em que as chamadas *disciplinas* científicas estavam se constituindo – e eles sabiam disso. Subverteram os próprios princípios de tal constituição. A subversão de Marx e Engels no âmbito científico nada tem a ver, porém, com muitos nostálgicos do próprio século XIX, que defenderam um retorno àquela apregoada como a "ciência pura" da filosofia e das abstrações idealizadas. Ao contrário, eles realizaram um mergulho radical na produção intelectual e, sobretudo, nas condições sócio-históricas concretas que abriam possibilidades – e exigências – para a criação e elaboração de qualquer ciência.

A crítica da economia política a que se dedicaram atinge não apenas os fundamentos da disciplina então nascente, mas devassa o conjunto da vida histórica e social, o que permitiu explicar até mesmo a emergência daquele conhecimento. Marx e Engels admitem a importância – e a inteligência – daquele nascimento e reconhecem a contribuição de Adam Smith e David Ricardo, por exemplo. Desmascararam, entretanto, seus limites e mostraram como o difícil nascimento de categorias importantes para compreender o mundo social rapidamente se converteria em apologia da manutenção do capitalismo. A "economia política" tornou-se uma disciplina que passou a se apresentar como *a grande ciência*, e impôs-se como modelo para diversas outras disciplinas humanas e sociais. Em luminoso estudo, Josep Fontana mostra como a escola escocesa, matriz da economia política, foi a elaboradora de uma visão histórica economicista, desqualificadora da política e das tensões sociais, marcada pela suposição de uma ascensão produtiva linear e, sobretudo, tingida pela certeza de que a história da humanidade deveria rumar para o capitalismo. A reflexão histórica que embasavam não era apenas um projeto social, mas uma defesa do capital[3].

A economia política e suas derivações engendraram um conhecimento espartilhado, divulgado por epígonos do capital, não apenas por oportunismos, embora estes também pululassem, mas por constituir-se em um efetivo "projeto" político embutido numa leitura peculiar das relações econômicas. Sua expansão corresponde a uma crescente matematização, radicada em abstrações genéricas, e parece querer amputar-se da totalidade da vida social, ignorando suas contradições.

A crítica da economia política marxista enfrentou o desvendamento das relações sociais efetivas que sustentam o capital, com a exigência constante de incorporar o processo histórico que permitiu não só a emergência do capitalismo, mas que se desdobrava sob ele, história enjaulada na repetição dramaticamente ampliada da reprodução do capital. Não se tratava de "corrigir" a economia política, mas, partindo das condições reais dessas relações sociais, transformar o mundo a partir dos próprios seres sociais que produziam (e produzem) o conjunto da existência.

Marx e Engels se dedicaram conjuntamente a uma exigência formidável, a Crítica da Economia Política ou, mais precisamente, a compreensão e a crítica da sociedade dominada pelo capital e do conhecimento que a nutre e perpetua. Ambos estudaram as contradições – econômicas, sociais, políticas, históricas, científicas – que permeiam a vida concreta. Ambos estavam voltados não apenas para afazeres intelectuais, mas para a construção de formas de luta capazes de superá-las. Nesse trabalho titânico, cumpriram tarefas diversas, mas sempre em conjunto. A exigência que se colocaram segue atualíssima. Penetrar no núcleo dos processos determinantes na e da sociedade capitalista, em sua expansão alucinada, não apenas para listá-los, mas para apresentá-los como síntese de contradições diversas, como resultado histórico de lutas complexas, como formas capazes de apreender as relações *sociais concretas*, envolvendo atividade humana objetiva e subjetiva na e pela relação sociometabólica com a natureza. Estas continuam sendo as condições mínimas para a produção do conhecimento e da transformação revolucionária.

Nossos autores mostraram que a materialidade fundamental não se limita a reconhecer a existência das coisas, mas precisa pensá-las de maneira integrada com as relações sociais e históricas com a natureza, na organização

---

[3] Josep Fontana, *Historia: análisis del pasado y proyecto social* (Barcelona, Crítica, 1982), p. 78-97.

da própria existência, que envolve sempre prioritariamente a produção e a reprodução da vida social. Que a maior abstração não é a que corusca feito pedra preciosa, mas a que agarra a concretude da existência. Indicaram a permanente necessidade de superar um conhecimento materialista que se limita a reduzir tudo a "coisas", coisificando os seres sociais; e também de superar a suposição egocêntrica de que o formidável ato de pensar e sentir move o mundo, deixando de lado o próprio mundo.

Como foi possível nascerem disciplinas que recortam e isolam os seres sociais como coisas, uma ciência "econômica" dedicada unicamente a assegurar que a produção de mercadorias gere sempre mais lucros privados, é o que precisa ser explicado. Marx e Engels exigem da ciência que ela vá muito além de apreender ou elaborar algo como "lei natural" definitiva. Até mesmo para a natureza, como demonstrou o interesse de ambos por Darwin. Ciências precisam responder à exigência de apreender processos complexos de transformação (sejam econômicos, históricos, biológicos, químico-físicos, geológicos etc.), mas também precisam perscrutar a razão de sua própria constituição, seu papel e lugar social enquanto produtoras de conhecimento integrantes de uma sociedade dada, e cuja atividade não se esgota no ato de conhecer. Precisam incorporar os processos sociais subjacentes, propiciadores e derivados das práticas sociais. Um dos autores fundamentais para essa questão é indubitavelmente György Lukács, que analisou exaustivamente essa *ontologia* do ser social como nervo axial do marxismo[4].

Em outros termos, a ciência é sempre engajada, e Marx e Engels o demonstram de maneira direta. Se nem todos os que produzem ciência sabem em que sua ciência e atividade estão engajadas, esse não foi o caso de Marx e Engels. A produção do conhecimento que elaboravam desvelava as formas conflituosas da produção social, dominadas por classes dominantes cujas práticas e conhecimento buscavam *naturalizar* o que era propriamente humano e social, e fechar as portas das transformações históricas das quais tais classes dominantes emergiram.

O conhecimento elaborado por Marx e Engels volta-se para a emancipação, para a superação do jugo do capital. Tal superação não seria obra apenas de filósofos, mas daqueles que maciçamente produzem e reproduzem as condições de existência humana, no sociometabolismo com a natureza.

Marx e Engels não apenas se afastam, mas criticam acidamente uma ciência e uma filosofia que se limitavam a conhecer o mundo tal como ele é ou se

---

[4] György Lukács, *Para uma ontologia do ser social* (trad. Carlos Nelson Coutinho, Mario Duayer e Nélio Schneider, São Paulo, Boitempo, 2012-2013), 2 v.

apresenta. Mas sabiam que o mundo é e se apresenta, e no mesmo movimento seria necessário agarrar a aparência e a essência (as relações ou determinações sociais efetivas) e identificar suas contradições internas, suas possibilidades de transformação. Também criticaram duramente aqueles para quem o mundo deveria ser alçado à formidável capacidade de intelecção e ideação abstrata, quer fossem idealistas, quer professassem um sofisticado materialismo idealizado. Jamais desprezaram a ideação e a abstração, e tinham plena consciência de que os seres sociais pensam, são sujeitos, transformam o próprio mundo e são por ele transformados, em processos que incorporam e vão além das singularidades. Assim como o crescimento do mercado mundial, o processo histórico é o movimento das grandes massas humanas, dos embates e lutas de classes sociais, resultantes de longos e dolorosos movimentos.

Nossos dois autores consolidaram uma base teórica que exige explicar o mundo social e natural tal como ele evolve, como se modifica, e como os seres sociais o reproduzem e transformam, e se autotransformam nesse processo[5]. As categorias para apreender esse mundo histórico precisavam expressar e agarrar as contradições, identificar tendências e contratendências, engajar-se no mundo que procuravam apreender.

Nada mais distante de um conhecimento acabado, de uma ciência congelada ou enrijecida, válida para todo o sempre[6]. O marxismo é a crítica de uma sociedade e de "ciências" que naturalizam uma forma histórica brutal e expansiva, que precisa e pode ser superada e, com ela, novos elementos de conhecimento precisarão vir à tona.

Sua validade para os dias atuais não decorre da mera "aplicação" de categorias, embora necessite delas com precisão e seriedade. Pressupõe também a mediação da análise crítica em cada momento – conjunturas – das condições de produção e de reprodução da vida social, da compreensão do teor e do alcance das lutas no próprio evolver do capitalismo. No contexto atual de uma centralização e concentração grotescas de capitais e de devastação de seres

---

[5] David Riazanov, *Marx et Engels* (Paris, Les Bons Caractères, 2004), p. 63.

[6] Lênin e Gramsci lutaram arduamente contra formas mecanicistas, fatalistas e economicistas que penetravam no marxismo. Não se trata de recuperar uma pureza original – ainda que o recurso à obra de Marx e Engels seja fundamental –, mas de manter a relação entre a teoria e os processos efetivos das lutas de classes. A exigência dessa teoria envolve enfrentar os *desdobramentos* das contradições, uma vez que o processo que ela procura agarrar é histórico, movente por razões imanentes, sendo os sujeitos sociais *agentes* e não meramente espectadores ou pacientes.

sociais e do ambiente, essa teoria é o ponto de partida fundamental. Mas não esgota o ponto de chegada.

Em outros termos, o marxismo criado por nossos autores é tudo, menos uma ciência calma, a desenvolver-se em sua torre de marfim. É e precisa ser um conhecimento agitado e agitador, subversivo. E polêmico.

## Os termos e seus usos

Os termos "marxista" e "marxismo" tiveram, segundo redigiu Georges Labica para o *Dictionnaire critique du marxisme*, "sua extensão consideravelmente aumentada desde a época do velho Engels, pois estendem-se a todos os que, a um ou outro título, se apoiam não apenas nas teses e conceitos dos fundadores, mas sobre o conjunto (até aqui ainda mal estabelecido) da tradição marxista" ou, acrescento eu, das diferentes tradições marxistas. Já o termo "marxiano" é de configuração mais recente, e qualifica a contribuição específica de Marx[7], sendo usado de maneira similar para outros autores, como engelsiano, leniniano, gramsciano etc.

Ao longo da vida de Marx, designações como marxida, marxiano, marxista foram várias vezes empregadas nas lutas políticas, em sua grande maioria de maneira pejorativa e contra Marx. O próprio Marx não endossava essa nomeação, talvez por razões propriamente teóricas – não se tratava de uma teoria "pessoal" – ou por considerar que muitos dos assim chamados "marxistas" caricaturavam suas teses e se constituíam em seitas. Marx jamais admitiu o termo "marxismo" e chegou mesmo a dizer que "a única coisa que posso dizer é que eu não sou marxista"! Essa frase foi anotada por Engels e se referia à autodesignação de "marxistas" que em 1879 e 1880 se espalhava entre intelectuais franceses e alemães[8].

No final da vida de Marx, quando se intensificou a constituição de partidos proletários, o termo marxista começava a ser utilizado positivamente por alguns grupos, com os quais não necessariamente o próprio Marx estava de acordo. Em 30 de setembro de 1882, por ocasião de uma viagem à França, escreveu a Engels: "Os 'marxistas' e os 'antimarxistas', essas *duas espécies*, fizeram todo o possível para estragar minha estada na França"[9].

---

[7] Gerard Bensussan e Georges Labica, *Dictionnaire critique du marxisme* (3. ed., Paris, PUF, 1999), p. 715.

[8] Maximilien Rubel, *Marx, critique du marxisme* (2. ed., Paris, Payot, 2000), p. 50.

[9] Citado em ibidem, p. 51.

Quem trouxe legitimidade à expressão "marxismo", avalizando-a, foi Engels. E isso apesar de ser a fonte principal de informações que temos sobre as diversas recusas de Marx para tal designação, o que Engels anotou e comentou repetidas vezes.

Foi no fim do século XIX, no contexto do enorme embate entre diferentes tendências socialistas, e também anarquistas, quando os partidos operários experimentavam enorme crescimento, que Engels admitiu denominar o *corpus* teórico elaborado por ele e Marx como marxismo, atribuindo a Marx o papel fundamental. A generalização do termo marxismo ocorre, portanto, no terreno da luta política, endossado por um de seus elaboradores. No livro *Ludwig Feuerbach e o fim da filosofia clássica alemã*, publicado em 1886, três anos após a morte de Marx, Engels fez uma nota explicativa na qual apoiava de maneira explícita o uso generalizado do termo marxismo:

> Permitam-me aqui uma explicação pessoal. Recentemente, em diversos momentos, fizeram alusão à parte que me coube na elaboração dessa teoria, e por essa razão dificilmente poderia dispensar-me de dizer algumas palavras que ajustem esse ponto. Não posso negar que eu próprio tive, antes e durante minha colaboração de quarenta anos com Marx, uma certa parcela tanto na elaboração quanto sobretudo no desenvolvimento da teoria. Mas a maior parte das ideias diretrizes fundamentais, particularmente no domínio econômico e histórico, e especialmente sua formulação definitiva, rigorosa, são de Marx. O que eu trouxe – com exceção de alguns ramos especiais – Marx teria podido realizar sem mim. Mas o que Marx fez eu não teria podido fazer. Marx nos superava a todos, via mais longe, mais amplo e mais rapidamente que todos nós. Marx era um gênio, nós somos, no máximo, talentosos. É a justo título que ela [a teoria] tenha seu nome.[10]

Essa designação tornou-se corriqueira. Foi endossada por um de seus elaboradores, abrange o conjunto teórico elaborado por Marx e Engels, com o aval deste último. Tensiona permanentemente a parte que cabe a cada um na concepção e na execução do conjunto da teoria. Sua limitação é ser singularizada, uma vez que a teoria – e as inúmeras práticas que exige e inspira – transbordaram para inúmeros outros autores, pesquisadores, militantes, partidos e movimentos sociais que a ela se filiam. Como se pode imaginar, essa definição suscitou polêmicas. E provavelmente continuará suscitando.

---

[10] Karl Marx e Friedrich Engels, *Oeuvres choisies* (Moscou, Progrès, 1970), p. 382 [ed. bras.: *Ludwig Feuerbach e o fim da filosofia clássica alemã*, trad. Vinícius Mateucci de Andrade Lopes, São Paulo, Hedra, 2020].

O termo "marxismo" identifica na atualidade uma gama de tradições intelectuais, políticas, revolucionárias, partidárias etc., que, por sua vez, incorpora inúmeras tendências. O próprio processo histórico conforta a opção de utilizar o termo no plural: marxismos, uma vez que não apenas há intensas querelas entre diferentes tendências, como também inúmeras contribuições originais ao conjunto dessa teoria – e é fácil citar Lênin, Trótski, Rosa Luxemburgo, Gramsci, Lukács, Mariátegui, apenas como exemplos. Todos esses autores e militantes, sem exceção, partem da obra de Marx e Engels, mas não se limitam a ela: realizaram desdobramentos e aportaram novas questões a uma teoria viva, crítica e revolucionária da vida social sob o capitalismo. Em todos encontraremos fortes críticas àqueles que se limitam a "enrijecer" a teoria social revolucionária, mesmo que se apresentassem como... "marxistas". O mais conhecido trabalho de Rosa Luxemburgo expressa discordâncias importantes com o próprio Marx e gerou intenso debate por parte de epígonos que nem sequer haviam lido *O capital*[11].

Antonio Gramsci dedicou-se muito seriamente a criticar as formas crispadas e endurecidas que nublavam o marxismo na década de 1930, tendo combatido no Caderno 11 de seus escritos carcerários, dedicado ao tema da filosofia, manuais que então começavam a ser publicados na União Soviética. Nesse mesmo caderno, insiste na necessária abertura para o futuro da *filosofia da práxis*, ou considerar sua própria finitude:

> Todavia, se também a filosofia da práxis é uma expressão das contradições históricas – aliás, é sua expressão mais completa porque consciente –, isto significa que ela está também ligada à "necessidade" e não à "liberdade", a qual não existe e ainda não pode existir historicamente. Assim, se se demonstra que as contradições desaparecerão, demonstra-se implicitamente que também desaparecerá, isto é, será superada, a filosofia da práxis.[12]

## Engels criador do marxismo?

Já vimos que tanto Marx quanto Engels não pretendiam dar nomes pessoais a essa elaboração. A análise histórica e dialética, a crítica da "economia política",

---

[11] Rosa Luxemburgo, *A acumulação do capital* (trad. Marijane Vieira Lisboa e Otto Erich Walter Maas, São Paulo, Nova Cultural, 1985), p. 325-416.

[12] Antonio Gramsci, *Cadernos do cárcere* (trad. Carlos Nelson Coutinho, Luiz Sérgio Henriques e Marco Aurélio Nogueira, Rio de Janeiro, Civilização Brasileira, 2001), v. 1, p. 204-5.

a elaboração dos fundamentos e os desdobramentos categoriais do capital, o papel das lutas de classes, a evidenciação das contradições sociais vão além de personalismos e individualismos. Ambos rejeitavam toda e qualquer cristalização ou congelamento de uma teoria-práxis que apontava apenas a historicidade do ser social.

Um dos debates é exatamente sobre a *criação* ou *fundação* do marxismo. Maximilien Rubel foi um dos mais conhecidos críticos do termo marxismo. Em livro sugestivamente intitulado *Marx, critique du marxisme* (Marx, crítico do marxismo), publicado originalmente em 1974, Rubel recolheu diversos artigos. O livro é inteiramente dedicado a polêmicas e apresenta uma longa sequência de debates. Abordaremos aqui dois artigos, o primeiro deles intitulado "La Légende de Marx ou Engels fondateur" ("A lenda de Marx ou Engels fundador"), de 1970[13]. O segundo artigo é anterior, e a rigor fundamenta o primeiro, "La Charte de la Première Internationale" ("Mensagem inaugural da Primeira Internacional"), cujo subtítulo é "Essai sur le 'marxisme' dans l'Association Internationale des Travailleurs" ("Ensaio sobre o 'marxismo' na Associação Internacional dos Trabalhadores") e sua redação é de 1965[14].

Rubel considera que a aceitação do termo "marxismo" por Engels, por razões políticas conjunturais, teria facilitado a construção de uma mitologia em torno de Marx, abrindo a porta para um culto à personalidade de Marx. Essa "criação do marxismo" engelsiana seria um equívoco: ela abriu espaço para uma limitação da teoria social, crítica, histórica e revolucionária elaborada por Marx e Engels e favoreceu a disseminação de um *marxismo oficial*, então em curso sob o stalinismo.

Maximilien Rubel foi um erudito estudioso da obra marxiana e do marxismo. Em maio de 1970, enviou uma comunicação a uma conferência por ocasião do 150º aniversário de nascimento de Engels, realizada em Wuppertal, cidade que desde 1929 engloba o distrito natal do homenageado (Barmen). Era um encontro comemorativo, mas de caráter científico, e contava com mais de cinquenta especialistas. Em forte confrontação com o stalinismo e o enrijecimento que este provocou na obra marxiana e engelsiana, Rubel criticou fortemente o uso do termo "marxismo", mostrando que resultava de uma criação de Engels e insistindo que tal denominação teria sido sempre recusada por Marx. Não se trata de um acusatório geral contra Engels, pois Rubel – ainda que teça uma série de críticas a Engels – reconhece sua importância

---

[13] Maximilien Rubel, *Marx, critique du marxisme* (Paris, Payot, 1974), p. 45-55.
[14] Ibidem, p. 57-80.

na produção desse conhecimento revolucionário. Mas, para ele, Engels teria capitulado às exigências conjunturais ao adotar e reafirmar o termo "marxismo" – diferentemente de Marx.

O tema central dessa intervenção de Rubel, que se intitulou "Points de vue à propos du 'Thème Engels Fondateur" ["Pontos de vista acerca do 'Tema Engels Fundador'"], reproduzida no primeiro artigo, visava desvencilhar a teoria de Marx e Engels de uma lenda fundacional, que derivaria em "mitologias aberrantes". Seu texto não poupa Engels por essa opção:

> encarregado de ser o guardião e o continuador de uma teoria para cuja elaboração ele confessava ter contribuído somente com uma parte modesta, e persuadido de reparar um erro glorificando um nome, Engels correu o risco de favorecer a gênese de uma superstição da qual não poderia medir as consequências nefastas.[15]

Ou ainda: "acreditando-se herdeiro, [Engels] foi na verdade fundador, mesmo que involuntariamente, e ficamos tentados a dizer que esse foi o castigo do destino [...] e no seu 150º aniversário, devemos reconhecer-lhe o mérito contestável e o título ainda mais duvidoso de "fundador do marxismo"[16].

A intervenção de Rubel é curta e densa, e polemiza em muitas direções, além da crítica central, já assinalada, à oficialização de um marxismo cristalizado. Seu artigo abrange desde a dificuldade de distinguir a parte de Marx e a de Engels na teoria – que este último chamou de "marxismo" – até o risco de um "culto a Marx" – que ele teria evitado cuidadosamente a vida inteira. Rubel propõe descartar o próprio termo marxismo: "dada a impossibilidade de definir racionalmente o sentido do conceito de marxismo, parece lógico abandonar ao olvido o próprio termo"[17].

Como já apontei acima, não se trata para Rubel de descartar Engels, mas de defender uma teoria aberta para o futuro, que precisaria avançar juntamente com o processo histórico, mantendo-se profundamente revolucionária. Assim, conclui desta forma seu texto de polêmica apresentado em Wuppertal: "Basta reconhecer em Engels o herdeiro legítimo do pensamento de Marx para denunciar em seu nome e em sua glória o marxismo instituído como uma escola de erros e confusão para a nossa idade de ferro"[18].

---

[15] Ibidem, p. 51.
[16] Ibidem, p. 53.
[17] Ibidem, p. 50.
[18] Ibidem, p. 55.

Em nota à publicação dessa apresentação, Rubel acrescenta que seu trabalho foi avaliado como se fosse contra Engels. Porém, longe disso, afirma: "meu texto tinha como alvo, pela *crítica de um gesto, historicamente negativo*, do mais estreito e do mais ativo colaborador de Marx, uma certa escola marxista cuja própria existência constitui a negação de tudo o que Marx e Engels fizeram para o pensamento socialista e o movimento operário"[19].

No outro artigo do mesmo livro, escrito em 1965, portanto antes da polêmica apresentação, Rubel já tratava do tema da criação, ou fundação, do marxismo e colocava-se as seguintes questões: "Marx fez escola no curso de sua carreira de homem de ciência e de homem de partido? Essa escola, supondo que tenha existido, foi conhecida como 'marxista'? O que pensava disso o próprio Marx? Questão subsidiária: o que pensava Engels?"[20]. Para responder, analisa os usos do termo marxismo na criação e atuação da Internacional, em geral pejorativos, e destaca o papel discreto que Marx assumiu na mesma Internacional, o que, segundo ele, não justificaria a suposição – e acusação – de que Marx tenha imposto em algum momento sua própria interpretação aos demais. Apresenta e esmiúça o dia a dia da elaboração da mensagem inaugural, constatando certa distância de Marx em seus primeiros momentos – por razões de saúde –, até ser interpelado de maneira muito insistente por seus camaradas, especialmente por meio de uma carta de Eccarius, na qual este o incita a uma participação mais ativa, contribuindo com sua "concisão profunda" para a elaboração do texto final[21]. Marx contribuiu sobretudo suprimindo termos genéricos e abstratos, ou a fraseologia fora de contexto que marcava muitas das intervenções (que tendiam a repetir grandes termos, como direitos, deveres, verdade, justiça, moral, e com escasso conteúdo crítico), respeitando, entretanto, as questões do coletivo. Segundo Rubel, a contribuição mais significativa de Marx foi a inclusão da reivindicação da conquista do poder político[22]. Da análise de Rubel depreende-se que Marx, "firmemente resolvido a permanecer nos 'bastidores' [da Internacional], teve tanto mais dificuldade para conservar o anonimato quanto era praticamente o autor de todas as proclamações (relatórios, resoluções, notas, manifestos) decididas frequentemente por iniciativa do Conselho Geral"[23].

---

[19] Ibidem, p. 47.
[20] Ibidem, p. 57-8.
[21] Ibidem, p. 63.
[22] Ibidem, p. 66.
[23] Ibidem, p. 58.

A preocupação de Rubel é evitar anacronismos, uma vez que muitos projetam sobre Marx um tipo de atuação carismática, bem como criticar versões da própria época que o tachavam de autoritário, o que, segundo ele, não corresponde ao cuidado de Marx para recolher cuidadosamente as questões coletivas e elaborar os temas debatidos, evitando assumir o papel central e aceitando de forma eficiente, mas discretíssima, as tarefas de revisão e redação que lhe eram incumbidas. "Apenas a necessidade de mitologia – ou de mistificação – pode ver nessa mensagem inaugural o fruto do 'marxismo' ou, dito de outra maneira, de uma doutrina pronta e imposta de fora por um cérebro onisciente a uma massa amorfa e inerte de homens à procura de uma panaceia social"[24].

Voltando ao evento de Wuppertal, Rubel conta que, lá chegando, se deparou com uma situação constrangedora: os participantes da União Soviética e da Alemanha Oriental sentiram-se ofendidos com o texto e ameaçavam sair da conferência, caso fosse apresentado. Como solução conciliatória, propôs-se que os textos não fossem expostos oralmente, mas apenas comentados e debatidos. Ainda segundo Rubel, os debates e o comportamento de alguns foram de baixíssimo nível e a transcrição final omitiu muito de seu texto e do debate.

A tese fundacional apresentada por Rubel é corroborada pelas próprias palavras de Engels. Coube a Engels a aceitação do termo "marxismo" para o conjunto da elaboração dos dois amigos. Não obstante, vale lembrar que Rubel, de certa forma, reproduz o comportamento que critica em Engels: definir pela justeza ou não do uso do termo "marxismo" em função de circunstâncias políticas (e intelectuais) muito posteriores ao momento de sua formulação.

Enquanto Engels aceitou o termo em um contexto de luta política dos trabalhadores e de ascensão do marxismo, Rubel rebelou-se contra o uso do termo em um período em que a difusão dos manuais soviéticos e dos critérios que vigiam na publicação da *Marx-Engels-Werke* (MEW) dogmatizavam a teoria revolucionária. Foi sobretudo na luta contra o encolhimento e a estagnação que o stalinismo impunha sobre uma teoria fundamental para a compreensão da vida social sob o capitalismo que Rubel elaborou seu argumento.

Interessa-nos aqui destacar a importância dessa polêmica para o contexto dos marxismos, e não apenas tomar posição a favor ou contra Rubel. Afinal, ambos, Engels e Rubel, tomam partido sobre a designação marxismo em função de conjunturas de lutas políticas altamente relevantes. Aqueles que compartilham uma teoria crítica precisam posicionar-se em função de conjunturas

---

[24] Ibidem, p. 79.

e, além disso, precisam estar permanentemente submetidos à mesma crítica que exercem.

## Engels e Marx: juntos e/ou separados?

Não há nenhuma dúvida sobre a atuação fundamental de Engels e sua contribuição constante, desde os 22 anos de idade e mesmo depois da morte de Marx, para a teoria social, crítica, histórica, dialética e militante revolucionária que ambos elaboraram. Tampouco é desconhecido ou minimizado por todos os autores citados neste artigo o enorme trabalho engelsiano para, após a morte de Marx e até a sua própria morte, rever, organizar e publicar as obras do amigo, mesmo deixando incompletos vários de seus próprios estudos. A elaboração do que conhecemos como o marxismo resulta de um enorme trabalho conjunto, além de vastíssima produção própria de Engels, a qual exerceu influência *decisiva* na produção de Marx[25].

A importância de Engels, reconhecida por Marx, está na base da obra máxima marxiana, *O capital*. Foi de Engels o primeiro impulso para a realização da *Crítica à economia política*. Ele escreveu, em 1843, após seu primeiro período na Inglaterra, em Manchester, os "Esboços para uma crítica da economia política"[26], publicado em 1844. Trata-se de uma formidável intuição, imediatamente convertida pelos dois amigos em uma enorme provocação ao conhecimento. Mostra ao mesmo tempo a correta percepção de Engels da direção a seguir, a partir de sua experiência direta, e a imensa exigência à qual Marx passou a vida respondendo:

> A economia política surgiu como resultado natural da expansão do comércio […] uma *ciência inteira do enriquecimento*. […] O século XVIII, o século da revolução, também revolucionou a economia. Mas assim como todas as revoluções deste século foram unilaterais e atoladas em antíteses […] da mesma forma a revolução econômica não conseguiu ir além da antítese. […] a nova

---

[25]  Ver Mireille Delbraccio e Georges Labica (orgs.), *Friedrich Engels, savant et révolutionnaire* (Paris, PUF, 1997). Vale ver toda a coletânea.

[26]  Friedrich Engels, *Outlines of a Critique of Political Economy* (trad. ingl. Martin Milligan). Disponível em: <https://www.marxists.org/archive/marx/works/1844/df-jahrbucher/outlines.htm>. Acesso em: 20 nov. 2020. [Ed. bras.: "Esboço para uma crítica da economia política" em *Esboço para uma crítica da economia política e outros textos de juventude* (trad. Nélio Schneider, São Paulo, Boitempo, 2021) p. 161-84.

economia foi apenas meio avanço. Foi obrigada a trair e a negar suas próprias premissas, a recorrer ao sofisma e à hipocrisia para encobrir as contradições em que se enredou, para chegar às conclusões a que foi conduzida não pelas suas premissas, mas pelo espírito humano do século.[27]

O período de consolidação dessa teoria à qual denominamos marxismo foi de trabalho conjunto, pesquisando, refinando, estabelecendo e assentando pressupostos e categorias fundamentais, algumas já presentes nas obras e atuação prática anteriores de um e de outro, mas que viriam a transformá-los em comunistas e revolucionários, e não apenas em mais dois pensadores, por mais geniais que fossem. De 1844 a 1850, do início da estreita amizade que os ligaria durante toda a vida, o trabalho foi intensíssimo tanto na elaboração intelectual quanto na militância social e política. Além de experimentarem, ambos, intensa perseguição política.

O "Frederico dos Anjos", como o chamou simpaticamente José Paulo Netto na abertura do evento[28], foi intelectual de primeira linha, militante importantíssimo, personagem fascinante e atraente, homem sensível e aberto às agruras – e aos prazeres – mundanos. Suas cartas à irmã revelam a paixão pela natureza, música, livros, pintura, viagens, esporte, vinho, cerveja e tabaco.

O encontro com Mary Burns, irlandesa e operária, e a vida em comum até a morte dela, mostram seu desprezo pelos preconceitos e decorrentes limitações e cerceamentos para a vida amorosa e para a própria individualidade. Engels foi ainda de extrema sensibilidade contra as opressões – como demonstrado magistralmente em *A situação da classe trabalhadora na Inglaterra*\* e *A origem da família, da propriedade e do Estado*\*\*, por exemplo.

Finalmente a edição completa das obras de Marx e Engels – autores fundamentais, mas execrados pelas classes dominantes – está bastante avançada e permitirá identificar de maneira mais precisa as características e as contribuições específicas de cada um para a teoria. Parece-me que sempre haverá, entretanto, dificuldades em estabelecer com total precisão a separação entre o que era o pensamento de Marx e o de Engels, o que é a obra separada e isolada de um e de outro, pela estreita intimidade e confiança com que trabalharam.

---

[27] Idem. Grifos meus.
[28] Ver José Paulo Netto em: <https://www.youtube.com/watch?v=joSyGnijlHg>. Acesso em: 23 nov. 2020.
\* Trad. B. A. Schumann, 2. reimpr., São Paulo, Boitempo, 2015. (N. E.)
\*\* Trad. Nélio Schneider, São Paulo, Boitempo, 2019. (N. E.)

Sem dúvida, foi Marx o principal redator da dupla e o elaborador principal da obra máxima, *O capital*. No entanto, apenas o primeiro volume foi publicado durante a sua vida e devidamente revisado. A publicação dos demais volumes foi realizada por esforço e cuidados de Engels. O marxismo originário resulta da elaboração desses dois militantes e teóricos, e essa relação amistosa, política e intelectual que os uniu constitui o esteio concreto que permitiu essa enorme obra.

## Lenha na fogueira: novas recriações

A lentíssima publicação das obras completas de Marx e Engels acrescentou ainda mais lenha na fogueira dos debates sobre recriações do marxismo. Como sabemos, a publicação detalhada de todos os manuscritos de Marx e Engels sofreu enormes percalços. A começar pela localização dos originais. Depois da morte de Marx, Engels conservou a documentação de seu amigo e parceiro. Quando faleceu, em 1895, sua própria obra foi confiada a August Bebel e Eduard Bernstein, curadores do Partido Social-Democrata Alemão (SPD). Posteriormente, tais papéis viajaram de Londres para a Alemanha, onde foram conservados nos arquivos do SPD. Quanto aos papéis de Marx, após a morte de Engels, eles passaram às filhas de Marx, inicialmente para Eleanor Aveling, falecida em 1898, e em seguida para Laura Lafargue. Com a morte desta última, a documentação de Marx também passou para os arquivos do SPD, em Berlim. David Riazanov havia conseguido fotocopiar tais papéis para a primeira edição da *Marx-Engels-Gesamtausgabe* (MEGA). Porém,

> com a chegada de Hitler ao poder em 1933, as partes mais valiosas dos arquivos do SPD, inclusive os papéis de Marx e Engels, foram levadas para o exterior. Alguns anos mais tarde, esses papéis foram vendidos a uma companhia de seguros holandesa, que por sua vez os deu ao recém-criado Instituto Internacional de História Social (IISH), em Amsterdã, onde são mantidos desde então.[29]

Riazanov, que desde a Revolução de 1917 dirigia o Instituto Marx-Engels, havia reunido milhares de livros, panfletos e documentos originais, assim como as fotocópias de originais de Marx e Engels. Ele ficou encarregado da preparação da edição das obras completas ainda em 1924. Reconhecido como pesquisador altamente preparado, Riazanov foi excluído do partido em 1930,

---

[29] Jürgen Rojahn, "Publishing Marx and Engels after 1989: The Fate of the MEGA", *IIHS*. Disponível em: <https://iisg.amsterdam/files/2018-07/iish-research-project_mega-e98.pdf>. Acesso em: 15 nov. 2020.

deposto do Instituto Marx-Engels em 1931 e executado em 1938 pelo stalinismo. Seu nome figura como editor apenas nos cinco primeiros volumes, mas até 1935 foram publicados onze volumes, embora com algumas modificações. Na sequência, o caráter da edição mudou, em consequência da demissão de mais da metade dos trabalhadores ligados a ele no Instituto Marx-Engels, muitos altamente especializados, e, em seguida, pela alteração do escopo da coleção, que deixou de ter como preocupação principal a recuperação da íntegra das obras de Marx e Engels e converteu-se em braço editorial do Centro de Formação Política, perdendo sua autonomia editorial e passando a depender do Partido Comunista da URSS. Finalmente, a ascensão do nazismo dispersou os pesquisadores que atuavam na Alemanha[30].

No total, 39 volumes foram publicados na então denominada *Marx-Engels-Werke* (MEW). A primeira edição seria em russo e conservaria características contraditórias. Apesar do excelente material que finalmente vinha a público, mantinha a perspectiva de:

> servir de cânon formador do ideário socialista, e exatamente isso impediu uma apresentação adequada da obra. Pois, em primeiro lugar, por esse motivo foram selecionados e suprimidos textos. Isso explica a falta de todas as cartas dirigidas a Marx e a Engels, bem como a supressão de escritos políticos, tais como as "Revelations on the Diplomatic History in the 18th Century", de Marx; mas, acima de tudo, a supressão dos escritos filosóficos de juventude, como os *Manuscritos econômico-filosóficos*, inicialmente deixados de lado e só muitos anos depois publicados em um volume complementar, devido a protestos vindos inclusive do bloco oriental.
>
> Em segundo lugar, entretanto, e isso é ainda mais difícil de pesar, as contaminações ideológicas e as interpretações politicamente motivadas na MEW levaram em geral a uma comentação errônea, de modo a impedir que os textos de Marx e Engels fossem adequadamente situados no contexto histórico.[31]

O marxismo, teoria social revolucionária, sofreu recriações por grupos stalinistas que propunham uma nova definição, o "marxismo-leninismo-stalinismo",

---

[30] Hugo Eduardo da Gama Cerqueira, "David Riazanov e a edição das obras de Marx e Engels", *Revista EconomiA*, v. 11, n. 1, 2010, p. 199-215. Disponível em: <http://www.anpec.org.br/revista/vol11/vol11n1p199_215.pdf>. Acesso em: 15 nov. 2020.

[31] Gerald Hubmann, "Da política à filologia: a *Marx-Engels-Gesamtausgabe*", *Crítica Marxista*, n. 34, 2012, p. 38. Disponível em: <https://www.ifch.unicamp.br/criticamarxista/arquivos_biblioteca/artigo27129Critica_Marxista_Texto_Completo_34.33-49.pdf  https://www.ifch.unicamp.br/criticamarxista/arquivos_biblioteca/artigo27129Critica_Marxista_Texto_Completo_34.33-49.pdf >. Acesso em: 15 jun. 2021.

da qual resultaram interferências na própria obra dos autores revolucionários e incompletude do projeto de publicação de suas obras. Não obstante, pouco a pouco crescia o acesso a parcelas da obra que finalmente chegavam a público. Mesmo lentamente, isso abriu outras possibilidades, e inúmeros intelectuais e militantes puderam conhecer textos originais e estabelecer suas próprias comparações entre Marx e Engels.

Desde os anos 1960 havia negociações para a retomada da publicação da obra completa, e na década de 1970 iniciou-se o projeto soviético-alemão da MEGA, que chegou a publicar quarenta volumes. Ela foi interrompida em 1989, com a derrubada do Muro de Berlim e o fechamento dos institutos de marxismo-leninismo, ligados aos partidos comunistas em Berlim e Moscou, além da desmobilização de muitas equipes de pesquisa. Mas não de todas.

## Marx e Engels: neutros?

A publicação da MEGA foi reiniciada na década de 1990, após intensos debates, que concluíram não ser necessário recomeçá-la do zero, uma vez que a edição anterior fora considerada com qualidade suficiente. Decidiu-se que ela seria continuada, ainda que sobre novas bases. Foi criada a Internationale Marx-Engels-Stiftung (IMES) (Fundação Internacional Marx-Engels), rede internacional ligada ao IIHS, em Amsterdã, que detinha dois terços da documentação original dos autores, enquanto o terço restante se encontrava em Moscou[32]. As novas equipes estabeleceram então duas condições: seria uma edição acadêmica, sem relação com qualquer partido político; e deveria ser criada numa estrutura internacional ampla, para conseguir abarcar o volume de temas e países analisados por Marx e Engels. O objetivo da IMES é exclusivamente a publicação da MEGA, e conta com participação de pesquisadores e intelectuais de vários países, tais como Alemanha, França, Itália, Grã-Bretanha, Holanda, Dinamarca, Rússia, Japão, Estados Unidos, dentre outros.

Essa nova versão introduziu importantes alterações editoriais e imprimiu forte viés filológico ao trabalho editorial, o que é louvável por impor rigor na recuperação, seleção e explicitação dos critérios para a publicação dos textos. Gerald Hubmann, diretor-executivo da MEGA, procura isolar a filologia da política desde o título de artigo em que apresenta as opções da nova MEGA. No entanto, abordando o mesmo artigo que citamos acima, Maurício Vieira

---

[32] Jürgen Rojahn, "Publishing Marx and Engels after 1989", cit., p. 5.

Martins observa com argúcia que, se as marcas stalinistas da conjuntura anterior deveriam legitimamente ser superadas, a nova conjuntura dos anos 1990 e 2000 se infiltra nos comentários de Hubmann, embora para este o controle acadêmico poderia assegurar a "neutralidade estrita quanto à visão de mundo implícita nos comentários"[33].

Martins se interroga: "Mas será que esta invocação a uma suposta neutralidade é de fato possível?"[34]. Ao analisar algumas intervenções de Hubmann, identifica a intromissão da conjuntura da década de 1990, que hipertrofia a importância da filologia e sua suposta capacidade de "neutralizar" os comentários à obra de Marx e Engels. Os elementos de conjuntura, expulsos pela porta, retornam pela janela, deixando entrever a adesão a pressupostos análogos ao da virada linguística (*linguistic turn*), não problematizados. Não por acaso, a virada linguística seria uma das marcas fortes do pós-modernismo. Martins conclui:

> Entre a politização excessiva da primeira edição [da] MEGA, de um lado, e a crença ingênua de que um procedimento filológico forneça o aval último de uma cientificidade, de outro, há de existir uma alternativa para os comentários à obra que saiba que estamos, desde sempre, mergulhados numa visão de mundo que nos acompanha mesmo em nossa atividade científica. Resta dizer que Hubmann registrou com muito acerto que as tentativas anteriores de edição da obra de Marx e Engels foram fortemente marcadas por um momento histórico determinado. Só faltou acrescentar que a própria edição que ele coordena é também marcada por uma certa configuração histórica que incentiva comentários interpretativos que, por tudo que foi exposto, cauterizam os aspectos mais incômodos e revolucionários do pensamento de Marx.[35]

Após esse breve excurso na difícil e polêmica publicação da obra de Marx e Engels, atravessada pelas conjunturas, voltemos à colaboração entre eles e aos apaixonados debates sobre o papel de Engels na publicação das obras de Marx.

---

[33] Gerald Hubmann, "Da política à filologia", cit., p. 42.
[34] Maurício Vieira Martins, "Sobre a nova edição da obra de Marx e Engels: só a filologia salva?", *Marx e o Marxismo*, v. 1, n. 1, 2013, p. 137. Disponível em: <http://www.niepmarx.blog.br/revistadoniep/index.php/MM/article/view/1>. Acesso em: 16 nov. 2020.
[35] Ibidem, p. 142.

## Engels editor de Marx: separar Marx de Engels?

### As teses sobre Feuerbach

Em 1987, Georges Labica publicou um livro intitulado *As "Teses sobre Feuerbach" de Karl Marx*[36]. Nele, coteja detalhadamente a primeira edição desse texto, realizada por Engels nas páginas finais de seu livro *Ludwig Feuerbach e o fim da filosofia clássica alemã*[37], publicado em fevereiro de 1888, com a redação do texto original, publicado no tomo 3 da MEW e analisa cada uma das múltiplas alterações realizadas por Engels. Labica procurou estabelecer e investigar criteriosamente cada uma das interferências engelsianas. Conclui que parte das modificações era meramente formal e destinava-se apenas a corrigir ou tornar compreensíveis certas passagens. Em poucas, porém expressivas passagens, as alterações são significativas. Cuidadosamente, menciona que podem remeter às quatro décadas transcorridas entre o momento da redação das Teses (maio ou junho de 1845) e o momento de sua publicação por Engels, influenciado pela conjuntura política do momento da publicação.

Dentre as alterações mais importantes, Labica considera que algumas envolvem interpretações engelsianas que, por mais compreensíveis ou legítimas, alteraram o texto original. Em outras passagens, essas modificações "aparecem como retificações":

> cada caso deve ser e será examinado separadamente, assim como as hipóteses que ele permite enunciar, a mais geral e menos discutível sendo a de que Engels, por sua estreita associação com o trabalho de Marx, se sentia seguramente autorizado a retomar um texto não previsto para a publicação e que, entretanto, ele tornava público mais de quarenta anos após sua redação. Qualquer que seja o caso, a diferença existe. Não se pode ignorá-la [...] também não se poderia, à maneira de M. Rubel, exagerar esta diferença, encontrando na Tese 10 a confirmação de sua própria interpretação, que considera Engels o "fundador" do marxismo – rompendo, portanto, com o próprio Marx.[38]

---

[36] Georges Labica, *As "Teses sobre Feuerbach" de Karl Marx* (trad. Arnaldo Marques, Rio de Janeiro, Zahar, 1990).

[37] Karl Marx e Friedrich Engels, *Ludwig Feuerbach e o fim da filosofia clássica alemã e outros textos filosóficos* (trad. Isabel Vale et al., 3. ed., Lisboa, Estampa, 1975).

[38] Georges Labica, *As "Teses sobre Feuerbach" de Karl Marx*, cit., p. 18-9.

A rigor, Labica sugere que "convém falar de *dois textos*, já que o texto de Engels não reproduz o de Marx. Constata-se, com efeito, que não existe *nenhuma* das 11 Teses em que Engels não tenha feito alguma modificação"[39].

Georges Labica se dedicará a analisar as teses *marxianas*, sempre assinalando e comentando as diferenças introduzidas por Engels, como a supressão do termo *autotransformação* na Tese 3. Não é objetivo de seu trabalho contrapor Engels a Marx, mas extrair o máximo de possibilidades dessas teses, averiguando o momento histórico preciso de sua redação, assim como aquele da publicação por Engels. Dedica-se a analisar as implicações filosóficas e da ordem da práxis derivadas das Teses. Trabalho similar foi realizado por Sílvio César Moral Marques[40], que comparou detalhadamente os termos das duas versões, mas com o objetivo de analisar suas traduções e implicações.

## O capital

Desde a morte de Marx, muitas foram as polêmicas sobre o papel de Engels na edição para a publicação dos Livros II e III de *O capital*, mas também sobre seu próprio estatuto no conjunto do marxismo. Havia até mesmo a suspeita de que tais textos não existissem e que razões políticas tivessem exercido pressão para que os volumes faltantes viessem à luz. Engels lidou onze anos com um enorme quebra-cabeças para organizar as 847 folhas de caderno que deveriam constituir os volumes faltantes. Werner Sombart, a quem Engels recorreu para debater passagens a elucidar, criticou o que considerou a excessiva fidelidade de Engels à letra de Marx nessa edição[41].

Em 1917, Rosa Luxemburgo, quando se encontrava na prisão, comentou os volumes editados por Engels a convite de Franz Mehring:

> nos dois últimos volumes d'*O capital* não devemos buscar uma solução acabada e definitiva para todos os problemas mais importantes da economia política, mas, em parte, apenas a proposição de tais problemas e indicações da direção em que se deveria procurar a solução. A principal obra de Marx, assim como toda sua visão de mundo, não é nenhuma Bíblia com verdades de última instância, acabadas e válidas para sempre, mas um manancial

---

[39] Ibidem, p. 18. Grifos do original.

[40] Sílvio César Moral Marques, "Questões filosóficas decorrentes das traduções das Teses sobre Feuerbach", *Crítica Marxista*, n. 35, 2012, p. 131-51. Disponível em: <https://www.ifch.unicamp.br/criticamarxista/arquivos_biblioteca/artigo284merged_document_269.pdf>. Acesso em: 10 nov. 2020.

[41] Gerald Hubmann, "Da política à filologia", cit., p. 34-5.

inesgotável de sugestões para levar adiante o trabalho intelectual, continuar pesquisando e lutando pela verdade. As mesmas circunstâncias explicam também por que, no que se refere à forma literária, o segundo e o terceiro volumes não são tão perfeitos, não têm um espírito tão brilhante, tão cintilante como o primeiro.[42]

Na década de 1990, quando se retomou a MEGA, o debate sobre como se deveria interpretar o papel de Engels e o de Marx, e como publicá-los, foi intenso. Thomas Marxhausen comenta que controvérsias anteriores retornaram ao cerne das opções editoriais através do "problema Marx-Engels":

> Engels teria sido o "gêmeo científico, de pensamento congruente" ao de Marx? Ou um pensador autônomo, cujas posições de modo algum coincidiam completamente com as de Marx, ou até eram em parte antagônicas às dele? A discussão se prendeu e se prende à compreensão que Engels tinha da dialética, à transmissão das ideias e teorias de Marx a partir do *Anti-Dühring* – mas justamente não só das dele, e sim de muitas que foram elaboradas em conjunto com Marx (aspecto que essa discussão perde de vista!) –, à sua atividade editorial nos Livros II e III de *O capital* etc. Em suma: existe um "engelsismo" que se distingue do "marxismo"? Em caso afirmativo, o que legitima a edição conjunta?[43]

Tais questões levaram alguns integrantes da equipe editorial a pretender alterar o conjunto da publicação, separando as obras de Marx das de Engels, o que não só colocava problemas práticos de edição, como implicava aumento de custos (pela duplicação de textos). Mais grave, essa opção simplesmente ignorava que as quatro décadas de correspondência entre Marx e Engels não apresentavam divergências sérias de opinião. Finalmente, decidiu-se manter a edição conjunta, uma vez que era impossível negar a estreita colaboração dos dois autores. E Marxhausen conclui: *"No fundo, o conflito gira em torno do que é 'marxismo'"*[44].

À medida que a publicação dos manuscritos preparatórios para *O capital* entrava na MEGA2, multiplicavam-se as análises e... os debates. A condição dos manuscritos demonstrava a incompletude desses volumes, levando alguns a considerar que "*O capital* 'por Marx', tal como foi lido historicamente,

---

[42] Rosa Luxemburgo, "O segundo e o terceiro volumes d'*O capital*", cit., p. 136.

[43] Thomas Marxhausen, "História crítica das obras completas de Marx e Engels (MEGA)", *Crítica Marxista*, n. 39, 2014, p. 103. Disponível em: <https://www.ifch.unicamp.br/criticamarxista/arquivos_biblioteca/artigo2015_11_09_16_31_1133.pdf>. Acesso em: 10 nov. 2020.

[44] Ibidem, p. 104. Grifos meus.

não existiria. Existem, por um lado, os manuscritos por Marx, que são esboços, e, de outro, as edições por Engels, que finalizou textos que não estavam prontos"[45]. Ao lado do reconhecimento do papel de Engels na elaboração dos Livros II e III, reabria-se a interrogação sobre a legitimidade das suas intervenções em *O capital*, sobre as diferenças entre os dois autores e, mais uma vez, sobre o que constituiria exatamente o que se entende por marxismo.

Jorge Grespan, sem "condenar o trabalho de Engels, excepcional para as condições da época", sublinha a importância de abrir opções de leitura diretamente dos manuscritos de Marx. Engels, ao escolher as passagens manuscritas que figurariam na edição dos livros faltantes de *O capital*, "misturou escritos de épocas diferentes", além de não incorporar grande quantidade de material. "E o fato de Marx insistir em reescrever sempre sobre os mesmos temas, em especial sobre os circuitos de circulação do capital singular do começo do Livro II, mostra insatisfação com o já realizado ou talvez novas exigências teóricas ainda não contempladas"[46].

Para Michael Heinrich, o cuidado de Engels ao tentar unir dois objetivos na publicação dos Livros II e III de *O capital* – a fidelidade a Marx e à incompletude do manuscrito, e a apresentação de um texto acessível aos leitores, dada a sua relevância política – é compreensível, porém "esses dois objetivos são mutuamente excludentes"[47]. Embora reconheça a importância do "feito incrível" de Engels nessa publicação, ele mostra que suas interferências foram muito maiores do que indicou. Envolveram desde o projeto dos títulos e dos tópicos até a própria estrutura do manuscrito, com transposições, omissões, trocas de texto, inserções, ampliações etc. Engels teria dado, assim, um aspecto

---

[45] Roberto Fineschi, "Karl Marx após a edição histórico-crítica (MEGA2): um novo objeto de investigação", em Marcos Del Roio (org.), *Marx e a dialética da sociedade civil* (Marília/São Paulo, Oficina Universitária/Cultura Acadêmica, 2014), p. 39. Citado em Hajime Takeuchi Nozaki, "O papel de Engels na editoração de *O capital* e sua influência na interpretação marxista sobre a crise", *Germinal: Marxismo e Educação em Debate*, v. 12, n. 3, 2020, p. 7-8. Disponível em: <https://periodicos.ufba.br/index.php/revistagerminal/article/view/42066/23906>. Acesso em: 10 jan. 2021.

[46] Jorge Grespan, "'O capital e seus escritos preparatórios': sobre o lançamento do volume 4.3 da MEGA", *Crítica Marxista*, n. 37, 2013, p. 158-9. Disponível em: <https://www.ifch.unicamp.br/criticamarxista/arquivos_biblioteca/comentario2015_06_07_09_16_3185.pdf>. Acesso em: 10 nov. 2020.

[47] Michael Heinrich, "A edição de Engels do Livro 3 de *O capital* e o manuscrito original de Marx", *Crítica Marxista*, n. 43, 2016, p. 33. Disponível em: <https://www.ifch.unicamp.br/criticamarxista/arquivos_biblioteca/artigo2017_06_03_06_34_44.pdf>. Acesso em: 10 nov. 2020.

de acabamento a uma teoria que ainda estava incompleta. A edição de Engels gerou entraves à compreensão de temas cruciais, como a teoria das crises, a teoria do crédito e, sobretudo, introduziu um viés historicizante na leitura de conjunto do capital. Henrich conclui que "a edição de Engels já não pode ser considerada como o Livro III de *O capital* de Marx; não é o texto de Marx 'na completa genuinidade de sua própria exposição', tal como Engels escreveu no Adendo, mas uma forte edição dessa exposição, uma espécie de manual com uma interpretação prévia do manuscrito de Marx"[48].

Henrich vai ainda mais longe do que a admissão da incompletude de *O capital*, e sugere que além de não haver Livro III de *O capital*, que se reduz a um manuscrito incompleto, a própria teoria que o sustenta estaria ainda incompleta:

> as lacunas [do Livro III] não são apenas de natureza quantitativa. O problema não é apenas que Marx não teve tempo suficiente para realizar de modo pleno um quadro já completamente esboçado. Em muitas passagens, sequer fica claro, a partir do que havia sido feito, o que os esboços deviam ser. Marx estava longe de resolver todos os problemas conceituais de sua empreitada.[49]

São questões densas e tocam no cerne de muitas das questões estratégicas abordadas por Marx e utilizadas por muitos marxistas – das mais variadas extrações – desde o século XIX até hoje. Essas questões reafirmam a necessária incompletude dos marxismos, e não apenas no sentido da elaboração por seus fundadores, mas porque a historicidade que a teoria desvela exige que, ela própria, seja permanentemente inquirida. A edição de *O capital* por Engels – e todos o admitem – permitiu que a teoria elaborada por ambos, mas redigida inicialmente por Marx, alcançasse dimensões muito mais extensas. Por outro lado, significou que o papel de Engels no marxismo foi bem além de um segundo violino, estando diretamente implicado na obra máxima de Marx tal como ela foi conhecida e divulgada.

## Engels e/ou Marx?

Vimos que não foi possível separar os dois autores na MEGA2, mas seria possível isolá-los analiticamente, como dois autores independentes e com características até mesmo opostas? Não há concordância no que constituiriam os

---

[48] Ibidem, p. 41.
[49] Idem.

atributos e as especificidades de cada um. Para Heinrich, como vimos acima, Engels é a origem de certo historicismo na leitura de *O capital* e, na mesma direção, César Mortari Barreira mostrou que a interpretação de Hans-Georg Backhaus contrapõe o "'lógico' (Marx) e o 'histórico' (Engels)"[50]. Para outros autores, a caracterização seria oposta: Engels figuraria como a origem de um marxismo ortodoxo, economicista, e teria aberto a porteira para os revisionismos.

Marcos Del Roio critica o papel de Engels, sobretudo em suas publicações após a morte de Marx, quando não apenas "criou" o marxismo, mas também se converteu no seu principal porta-voz:

> Engels se mostra como uma variante no pensamento revolucionário, distinto e uno com Marx. Certo viés cientificista e naturalista [...] a dialética é reduzida a um fenômeno da natureza, com leis próprias de movimento imanente e não um método de apreensão da realidade em movimento. [...] O naturalismo histórico de Engels subverte a dialética e amesquinha a vontade coletiva.[51]

Del Roio lembra que os textos publicados após a morte de Marx foram redigidos em meio à intensa militância de Engels e à ascensão da social-democracia na Alemanha, que, como se sabe, deu ensejo a inúmeras disputas e embates no interior do SPD. Ao comentar *A origem da família, da propriedade privada e do Estado*, cuja primeira publicação data de 1884, Del Roio constata não sem espanto "a ênfase quase absoluta nas relações econômicas e a ausência de qualquer referência às representações culturais". E acrescenta: "Engels montava a estrutura do *marxismo* fortemente ancorado na visão naturalista evolucionista predominante na alta cultura burguesa do fim de século XIX"[52].

Para Del Roio, a partir das posições de Engels é possível compreender as dificuldades posteriores do marxismo:

> as duas vertentes do reformismo no movimento operário alemão – a ortodoxia e o revisionismo – tiveram como seus principais ideólogos exatamente os dois mais capazes teóricos do grupo político de Engels, Kautsky por um lado, e Bernstein, por outro. Não parece ter sido mero acaso que cada um tenha

---

[50] César Mortari Barreira, "Engels contra Marx? Do lógico/histórico aos níveis de abstração", *Verinotio*, ano XV, v. 26, n. 2, 2020, p. 110-1. Disponível em: <http://www.verinotio.org/sistema/index.php/verinotio/issue/view/32/Revista%20completa%20PDF>. Acesso em: 10 jan. 2021.

[51] Marcos Del Roio, "Engels e a origem do marxismo", em *Anais do XXVI Simpósio Nacional de História (Anpuh)*, São Paulo, 2011, p. 5-7. Disponível em: <http://www.snh2011.anpuh.org/resources/anais/14/1300640462_ARQUIVO_ENGELS.pdf>. Acesso em: 20 nov. 2020.

[52] Ibidem, p. 10.

acentuado aquilo que em Engels já se encontrava cindido: a objetividade e a subjetividade revolucionária.[53]

Em direção oposta, é possível localizar autores que adotaram a perspectiva de Engels, defendendo sua concepção histórica. Como lembra John Bellamy Foster, E. P. Thompson "construiu a defesa de uma espécie de empirismo dialético – o que ele mais admirava em Engels – como essencial para uma análise histórico-materialista"[54].

Em finais do século XX e início do XXI, temas candentes da conjuntura contemporânea se voltam para o marxismo de Marx e Engels e encontram nele sólido ponto de partida para enfrentá-los, teórica e praticamente. Dedicado ao estudo dos temas ambientais, Foster destaca o reconhecimento da importância de Engels em áreas científicas como a paleontologia, a biologia e a epidemiologia, bem como sua contribuição para o nascimento da ecologia. Para Foster, a rejeição à dialética da natureza de Engels teria operado uma "correção bem-vinda ao positivismo cru que havia contaminado boa parte do marxismo e que fora racionalizado pela ideologia soviética oficial"[55]. Entretanto, a curvatura da vara corria o risco de "pressionar o marxismo para uma direção mais idealista, conduzindo ao abandono da longa tradição de compreender o materialismo histórico relacionado não somente com as humanidades e a ciência social – e, claro, a política –, mas também com a ciência natural materialista"[56].

## À guisa de conclusão

Talvez se consiga algum dia separar perfeitamente o que saiu da pena de Marx do que proveio da caneta de Engels em *O capital*. O volume de inquietações sugere que tal empreitada será mais ou menos rapidamente realizada e muitas análises serão publicadas. Mesmo assim, não conseguiremos separar uma amizade e uma intimidade intelectual construídas ao longo de quarenta anos,

---

[53] Ibidem, p. 26.
[54] John Bellamy Foster, "O retorno de Engels", *Crítica Marxista*, n. 46, 2018, p. 13, 2018. Disponível em: <https://www.ifch.unicamp.br/criticamarxista/arquivos_biblioteca/artigo2018_11_04_15_03_58.pdf>. Acesso em: 10 nov. 2020.
[55] Ibidem, p. 10
[56] Idem.

como não conseguiremos ter acesso às inúmeras conversas que os dois autores revolucionários entabularam e ao que elaboraram em comum ou definiram como tarefas para um e para outro.

Como lembra Michael Krätke, quando de sua participação no debate sobre a publicação de *O capital* (e que estendemos aqui ao conjunto da obra dos dois autores, Engels e Marx):

> Ao realizar modificações [nos Livros II e III de *O capital*], teria Engels distorcido severamente o sentido pretendido do texto? Teria ele realmente *negligenciado ou ignorado as intenções de Marx, ali onde foram inequivocamente expressas*? Esta é a tônica das mais severas objeções contra o trabalho editorial de Engels, levantadas pouco depois da publicação dos manuscritos marxianos originais para o livro terceiro, em 1992. Essa variante mais recente da crítica a Engels se baseia em dois pressupostos implícitos: a) Marx estava completamente certo e decidido no que se refere à sua agenda e b) os críticos de Engels compreendem Marx melhor do que ele jamais o fez. Isso pode suscitar dúvidas. Ao contrário de seus críticos, Engels conhecia tudo o que nós só descobrimos lentamente agora. Ele podia recorrer totalmente aos manuscritos deixados por Marx e a seus excertos e notas. Tinha à disposição e utilizava incontáveis explicações de Marx na correspondência. *Principalmente, conhecera pessoalmente o autor em longos anos de colaboração.*[57]

A criação originária do marxismo liga-se a um tempo, a uma dinâmica histórica, a intensas lutas e a uma amizade extraordinária entre dois grandes intelectuais e militantes revolucionários. O marxismo de Marx e Engels é o ponto de partida. Os marxismos não se limitam a seus autores originais, mas precisam e dependem deles como balizadores fundamentais de exigências complexas, elaboradas na rigorosa contramão das tendências e modas incessantemente requentadas pelo capital e pelo capitalismo. Estamos diante de duas cabeças pensantes, dois revolucionários ativos. São dois autores, dois intelectuais de grande estatura. Há diferenças entre eles. Essas diferenças integram sua obra conjunta e devem tensionar plenamente o marxismo – e os marxismos – não como a busca do texto perfeito, mas como momentos essenciais do processo criativo que precisamos compartilhar, como pistas a desenvolver.

O marxismo originário de Marx e Engels, assim como os demais marxismos, viveram inúmeras recriações. Estão tanto mais vivos quanto os debates sobre suas recriações são rigorosos, intensos, e impedem que visões unilaterais

---

[57] Michael Krätke, "O problema Marx-Engels: por que Engels não falseou *O capital* marxiano", *Verinotio*, ano X, n. 20, 2015, p. 199. Disponível em: <http://www.verinotio.org/conteudo/0.2380829595384.pdf>. Acesso em: 30 out. 2020. Grifos meus.

se imponham como uma espécie de "interpretação final". E tanto mais vivos quanto as questões de conjuntura tensionam seus fundamentos aos seus limites máximos, para apreender as contradições imanentes que emergem, se modificam, se aguçam ao longo do processo histórico e, sobretudo, para lembrar – e exigir – que é na transformação das relações sociais reais que reside o crivo central de uma ciência efetivamente histórica.

Este artigo se debruçou sobre polêmicas que não se propôs a resolver. Apresentei alguns dos embates no interior dos marxismos sobre o papel de Engels, tanto na obra conjunta com Marx quanto nas concepções de cada um. Utilizamos aqui apenas alguns dos autores que foram publicados no Brasil, e nem sequer incorporamos todos os que se dedicaram a algumas dessas polêmicas em nosso país. Foi um recorte limitado, uma vez que os maiores embates se encontram na confrontação com outras áreas teóricas e com suas expressões políticas. Este artigo também não teve a pretensão de apresentar as principais escolas e pensadores marxistas.

A intenção fundamental aqui foi permitir uma primeira mirada sobre o teor e a intensidade das controvérsias internas acerca da "criação do marxismo" e suas contínuas e tensas recriações. Não obstante suas limitações, essa mirada parece-me suficiente para conferir que se trata de um ambiente teórico (e prático) extremamente diversificado, com embates muito vigorosos. Uma grande variedade se perfila ao longo das polêmicas apresentadas, que não se baseiam em contraposições aligeiradas, muito menos em especulações vazias. Utilizar o máximo rigor, por intelectuais tarimbados e comprometidos, para avançar o conhecimento sobre o próprio marxismo originário aguça o fio de corte para sua atividade central, explicar e revolucionar a complexa realidade social, em seus elos sociometabólicos com a natureza, que continua a nos desafiar.

## Referências bibliográficas

BARREIRA, César Mortari. Engels contra Marx? Do lógico/histórico aos níveis de abstração. *Verinotio: Revista on-line de Filosofia e Ciências Humanas*, ano XV, v. 26. n. 2, 2020. p. 110-33. Disponível em: <http://www.verinotio.org/sistema/index.php/verinotio/issue/view/32/Revista%20completa%20PDF>. Acesso em: 10 jan. 2021.

BENSUSSAN, Gerard; LABICA, Georges. *Dictionnaire critique du marxisme*. Paris, PUF, 1999.

CERQUEIRA, Hugo Eduardo da Gama. David Riazanov e a edição das obras de Marx e Engels. *Revista EconomiA*, v. 11, n. 1, 2010. p. 199-215. Disponível em: <http://www.anpec.org.br/revista/vol11/vol11n1p199_215.pdf>. Acesso em: 15 nov. 2020.

DELBRACCIO, Mireille; LABICA, Georges (orgs.). *Friedrich Engels, savant et révolutionnaire*. Paris, PUF, 1997.

DEL ROIO, Marcos. Engels e a origem do marxismo. In: *Anais do XXVI Simpósio Nacional de História (Anpuh)*. São Paulo, julho 2011. Disponível em: <http://www.snh2011.anpuh.org/resources/anais/14/1300640462_ARQUIVO_ENGELS.pdf>. Acesso em: 20 nov. 2020.

ENGELS, Friedrich. Outlines of a Critique of Political Economy. *Marxists*. Trad. Martin Milligan. 1996. Disponível em: <https://www.marxists.org/archive/marx/works/1844/df-jahrbucher/outlines.htm>. Acesso em: 20 nov. 2020.

FINESCHI, Roberto. Karl Marx após a edição histórico-crítica (MEGA2): um novo objeto de investigação In: DEL ROIO, Marcos (org.). *Marx e a dialética da sociedade civil*. Marília/São Paulo, Oficina Universitária/Cultura Acadêmica, 2014.

FONTANA, Josep. *Historia:* análisis del pasado y proyecto social. Barcelona, Crítica, 1982.

FOSTER, John Bellamy. O retorno de Engels. *Crítica Marxista*, n. 46, 2018. p. 9-15, Disponível em: <https://www.ifch.unicamp.br/criticamarxista/arquivos_biblioteca/artigo2018_11_04_15_03_58.pdf>. Acesso em: 10 nov. 2020.

GRAMSCI, Antonio. *Cadernos do cárcere*, v. 1. Trad. Carlos Nelson Coutinho, Luiz Sérgio Henriques e Marco Aurélio Nogueira, Rio de Janeiro, Civilização Brasileira, 2001.

GRESPAN, Jorge. "O capital e seus escritos preparatórios": sobre o lançamento do volume 4.3 da MEGA. *Crítica Marxista*, n. 37, p. 155-61, 2013. Disponível em <https://www.ifch.unicamp.br/criticamarxista/arquivos_biblioteca/comentario2015_06_07_09_16_3185.pdf>. Acesso em: 10 nov. 2020.

HEINRICH, Michael. A edição de Engels do Livro 3 de *O capital* e o manuscrito original de Marx. *Crítica Marxista*, n. 43, 2016. p. 29-43. Disponível em: <https://www.ifch.unicamp.br/criticamarxista/arquivos_biblioteca/artigo27129Critica_Marxista_Texto_Completo_34.33-49.pdf>. Acesso em: 10 nov. 2020.

HUBMANN, Gerald. Da política à filologia: a Marx-Engels-Gesamtausgabe. *Crítica Marxista*, n. 34, 2012. p.33-49. Disponível em: <https://www.ifch.unicamp.br/criticamarxista/arquivos_biblioteca/artigo271merged_document_255.pdf>. Acesso em: 15 nov. 2020.

KRÄTKE, Michael. O problema Marx-Engels: por que Engels não falseou *O capital* marxiano. *Verinotio: Revista on-line de Filosofia e Ciências Humanas*, ano X,

n. 20, 2015. p. 191-206. Disponível em: <http://www.verinotio.org/conteudo/0.23 80829595384.pdf>. Acesso em: 30 out. 2020.

LABICA, Georges. As "Teses sobre Feuerbach" de Karl Marx. Trad. Arnaldo Marques, Rio de Janeiro, Zahar, 1990.

LÊNIN, Vladímir I. Obras escolhidas. Lisboa/Moscou, Avante/Progresso, 1978.

LUKÁCS, György. Para uma ontologia do ser social. Trad. Carlos Nelson Coutinho, Mario Duayer e Nélio Schneider, São Paulo, Boitempo, 2012-2013, 2 v.

LUXEMBURGO, Rosa. A acumulação do capital. Trad. Marijane Vieira Lisboa e Otto Erich Walter Maas, São Paulo, Nova Cultural, 1985.

_____. O segundo e o terceiro volumes d'*O capital*. Crítica Marxista, n. 29, 2009. p. 135-43. Disponível em: <https://www.ifch.unicamp.br/criticamarxista/arquivos_biblioteca/artigo2015_06_04_10_09_5792.pdf>. Acesso em: 20 nov. 2020.

MARQUES, Sílvio César Moral. Questões filosóficas decorrentes das traduções das Teses sobre Feuerbach. Crítica Marxista, n. 35, 2012. p. 131-51. Disponível em: <https://www.ifch.unicamp.br/criticamarxista/arquivos_biblioteca/artigo284 merged_document_269.pdf>. Acesso em: 10 nov. 2020.

MARTINS, Maurício Vieira. Sobre a nova edição da obra de Marx e Engels: só a filologia salva? *Marx e o Marxismo*, v. 1, n. 1, 2013. p. 135-43. Disponível em: <http://www.niepmarx.blog.br/revistadoniep/index.php/MM/article/view/1>. Acesso em: 16 nov. 2020.

MARX, Karl; ENGELS, Friedrich. Oeuvres choisies. Moscou, Progrès, 1970.

MARXHAUSEN, Thomas. História crítica das obras completas de Marx e Engels (MEGA). Crítica Marxista, n. 39, 204. p. 95-124. Disponível em: <https://www.ifch.unicamp.br/criticamarxista/arquivos_biblioteca/artigo2015_11_09_16_31_1133.pdf>. Acesso em: 10 nov. 2020.

NOZAKI, Hajime Takeuchi. O papel de Engels na editoração de *O capital* e sua influência na interpretação marxista sobre a crise. *Germinal: Marxismo e Educação em Debate*, v. 12, n. 3, 2020. p. 203-16. Disponível em: <https://periodicos.ufba.br/index.php/revistagerminal/article/view/42066/23906>. Acesso em: 10 jan. 2021.

RIAZANOV, David. Marx et Engels. Paris, Les Bons Caractères, 2004.

ROJAHN, Jürgen. Publishing Marx and Engels after 1989: The Fate of the MEGA. *IIHS*. Disponível em: <https://iisg.amsterdam/files/2018-07/iish-research-project_mega-e98.pdf>. Acesso em: 15 nov. 2020.

RUBEL, Maximilien. Marx, critique du marxisme. 2. ed. Paris, Payot, 2000.

# Engels e a descoberta do proletariado
## Ricardo Antunes*

> O conhecimento das condições de vida do proletariado é, pois, imprescindível para, de um lado, fundamentar com solidez as teorias socialistas e, de outro, embasar os juízos sobre a sua legitimidade e, enfim, para liquidar com todos os sonhos e fantasias *pró* e *contra*.
>
> Friedrich Engels, *A situação da classe trabalhadora na Inglaterra*

---

\* Professor Titular de Sociologia do Trabalho no Instituto de Filosofia e Ciências Humanas da Universidade Estadual de Campinas (IFCH/Unicamp). Publicou, entre outros, *Uberização, trabalho digital e indústria 4.0* (São Paulo, Boitempo, 2020); *Coronavírus: o trabalho sob fogo cruzado* (São Paulo, Boitempo, 2020); *O privilégio da servidão* (São Paulo, Boitempo, 2018; também publicado na Itália); *Os sentidos do trabalho* (5. ed., São Paulo, Boitempo, 2020; também publicado nos Estados Unidos, Holanda, Inglaterra, Itália, Portugal, Índia e Argentina); *Adeus ao trabalho?* (15. ed., São Paulo, Cortez, 2012; também publicado na Itália, Espanha, Argentina, Venezuela e Colômbia) e *Riqueza e miséria do trabalho no Brasil* (São Paulo, Boitempo, 2006-2014), 4 v. Foi *Visiting Professor* na Universidade Ca'Foscari (Veneza/Itália); *Visiting Research Fellow* na Universidade de Sussex (Inglaterra) e *Visiting Scholar* na Universidade de Coimbra (Portugal). (N. E.)

## E quando um filho rebelde da burguesia encontrou o proletariado...

Comemoramos, em 28 de novembro de 2020, o bicentenário do nascimento de Engels. Sua decisiva importância para a constituição do materialismo e do socialismo é de tal envergadura que sua obra se *mescla* com a de Marx, tornando a relevância de sua contribuição verdadeiramente inestimável.

Aqui, neste texto, que retoma a aula que ministrei na ocasião de seu aniversário, vamos nos ater centralmente a sua contribuição ao tema de nossa apresentação: *Engels e a descoberta do proletariado*.

Para iniciar, bastaria dizer que foi esse *filho rebelde da burguesia*, esse *jovem alemão* quem efetivamente "apresentou" a classe trabalhadora a outro jovem, Karl Marx, ao permitir que sua excepcional pesquisa sobre a classe trabalhadora na Inglaterra fosse lida por seu grande parceiro.

Não é necessário acentuar que essa obra foi decisiva para a *real compreensão* do papel dedicado ao proletariado por Marx, que já acompanhava, em seu trabalho jornalístico, com particular atenção, as lutas florescentes do proletariado, especialmente na Alemanha e na França, onde viveu um curto período. Foi verdadeiramente pela leitura da obra de Engels que essa *classe* ganhou maior concretude e corporeidade.

Sabemos que anteriormente a esse livro, a influência de Engels sobre Marx já havia sido de forte impacto quando este teve acesso ao "Esboço para uma crítica da economia política"[1], assinado por Engels e que, pela primeira vez, sinalizava para Marx a necessidade de *superar* a *filosofia* através da *crítica da economia política*, até então absolutamente desconhecida por Marx.

Engels, o *jovem rebelde filho da burguesia alemã*, apontava em seu "Esboço..." que era imprescindível elaborar uma *crítica materialista radical* à filosofia idealista hegeliana, invertê-la e, assim, remetê-la ao plano da materialidade, para a concretude do mundo real, onde nasce e se estrutura a *anatomia da sociedade civil*, para usar a conhecida frase de Marx, escrita em fins da década de 1850, quando finalizou sua primeira *Introdução à crítica da economia política*.

O artigo de Engels, quando lido por Marx, no início da década de 1840, lhe possibilitou o *clique* que permitiu sua *mutação decisiva*, pois lhe indicou

---

[1] Friedrich Engels, "Esboço de uma crítica para economia política", em *Esboço para uma crítica da economia política e outros textos de juventude* (trad. Nélio Schneider, São Paulo, Boitempo, 2021) p. 161-84.

por *onde deveria avançar na verdadeira superação/suprassunção* do pensamento filosófico de Hegel, dominante em seu tempo.

Marx, em sua primeira crítica ao filósofo idealista, já se apercebera de que a contradição fundamental instaurada pela modernidade capitalista nascente se encontrava no *seio da sociedade civil*, entendida como a *sociedade de classes*, e que o proletariado nascente seria o único polo social capaz de demolir o edifício burguês. É desse tempo sua magistral crítica ao Estado, que aparece de modo primevo e altamente vigoroso na *Introdução* à *crítica da filosofia do direito de Hegel*\*, escrita entre fins de 1843 e inícios de 1844.

Foi pouco tempo depois, no ano de 1845, que Engels, então com 24 anos, finalizou sua investigação *original*, que lhe consumira 21 meses de intenso *labor* intelectual, dando-lhe o seguinte título: *A situação da classe trabalhadora na Inglaterra*[2]. Obra que teve impacto decisivo no pensamento *em constituição*, vivenciado por Marx. Este, como já indicamos anteriormente, no período em que se dedicou à atividade jornalística, já se apercebera da relevância das lutas dos operários da Silésia e suas greves; revoltara-se com a brutalidade dos latifundiários alemães contra o "roubo" da lenha; e posteriormente, em 1843-1844, em Paris (e depois em Bruxelas) estreitou o interesse, aproximando-se do proletariado emergente, através de suas atividades políticas.

Mas foi lendo o texto engelsiano que Marx pôde melhor compreender o *ser* do proletariado, sua concretude, sua realidade em *carne e osso*, o que o levou a desenvolver de modo ontologicamente mais adensado a importância do proletariado no processo revolucionário e na busca da emancipação da humanidade.

Se Marx já havia constatado a despossessão do proletariado e a vigência de algumas de suas opressões (*a classe que sofre as cadeias radicais*, como consta de sua introdução de 1843-1844, acima mencionada), sua análise ganhou uma forte dimensão *objetiva* e *materialista*. Uma vez mais, era preciso remeter sua análise à *anatomia da sociedade civil*, isto é, tornava-se imperioso avançar na *crítica da economia política* e assim constatar as formas de exploração que o capital impunha à classe trabalhadora.

Assim, foi inicialmente através da leitura dessas duas obras de Engels, acima referidas, que Marx se apercebeu, com expressiva profundidade, da tese engelsiana de que o *desenvolvimento industrial só poderia ser impulsionado através da expansão exponencial da classe trabalhadora*, aquela que, por ser explorada

---

\* Trad. Rubens Enderle e Leonardo de Deus, São Paulo, Boitempo, 2005. (N. E.)
[2] Friedrich Engels, *A situação da classe trabalhadora na Inglaterra* (trad. B. A. Schumann, São Paulo, Boitempo, 2010).

pelo capital, se tornava a *principal força social e política* capaz de se contrapor ao capitalismo.

Neste texto, vou tão somente indicar *algumas pistas seminais* de Engels, de modo que se possa ter uma efetiva compreensão da riqueza e da originalidade presentes em seu livro. E o farei seguindo o roteiro que apresentei *oralmente*, quando ministrei a aula em homenagem ao "grande companheiro" de Marx, autor da obra sem a qual, vale reiterar, a genial construção da dialética marxiana *simplesmente* não seria a mesma.

Talvez se possa dizer que o maior mérito dessa obra de Engels foi apresentar a classe trabalhadora *como ela efetivamente é*, em seu *modo de ser*, sua emergência, suas potencialidades, seus limites, suas possibilidades e dificuldades, sua força transformadora, que já eram perceptíveis na primeira metade da década de 1840, quando seu estudo pioneiro foi realizado. Foi o primeiro grande estudo *materialista* sobre a classe trabalhadora e que, por isso, converteu-se em uma obra dotada de grande exemplaridade, cuja força é de tal envergadura que lhe confere, em diferentes pontos, uma efetiva dimensão atual, contemporânea.

Devo acrescentar, ainda nesta introdução, que foi esse livro emblemático – *A situação da classe trabalhadora na Inglaterra* – que inspirou minha proposta de criar a Coleção Mundo do Trabalho, apresentada cerca de vinte anos atrás a Ivana Jinkings, que então dava os primeiros passos na criação da mais do que bem-sucedida editora Boitempo. E foi essa mesma obra engelsiana que me veio à cabeça quando concebi a necessidade de organizar uma coleção que tratasse, simultaneamente, *do passado e do presente da classe trabalhadora*, suas lutas, resistências, embates, elaborações, projetos, ações; que recuperasse experimentos do passado, mas que também pudesse oferecer um desenho de *quem é e de como se configura o proletariado em nossos dias*.

Com dezenas de livros publicados, com autores/as nacionais e estrangeiros, desde os mais renomados/as estudiosos/as até àqueles/as mais jovens, esse era o projeto, assim foi sua concepção. E um crédito grande deve ser conferido à obra de Engels, que nos deu, então, a inspiração de concebê-la e apresentá-la à Boitempo, o que, deve-se dizer, foi prontamente encampado por Ivana Jinkings.

## Quem é e como vive a classe trabalhadora na Inglaterra?

Vamos, então, oferecer um desenho das temáticas de que Engels tratou nesse livro e, ao assim proceder, destacar sua importância e força, permitindo-nos compreender a vitalidade e a permanência desse livro, verdadeiro patrimônio da história e da teoria *de* e *sobre* a classe trabalhadora.

Para tanto, vou procurar me ater ao máximo à textualidade da obra engelsiana, de modo a transmitir seu profundo envolvimento com o *objeto de sua reflexão*, que, não é demais repetir, é inteiramente *comprometido* com o *presente* e o *futuro* da classe trabalhadora e, ao mesmo tempo, intensamente *rigoroso*, pautado tanto em fortes evidências empíricas como em densa análise e reflexão crítica e científica.

Logo no prefácio de *A situação da classe trabalhadora na Inglaterra*, Engels oferece uma pista metodológica, demonstrando seu acentuado perfil *ontológico* e *dialético*, isto é, buscando apreender os elementos essenciais da *matéria* de seu *objeto* de análise.

Como ele mesmo afirmou, inicialmente a proposta era escrever "um capítulo de um trabalho mais amplo sobre a história social da Inglaterra", mas a "importância de tal objeto obrigou-me a dedicar-lhe um estudo particular". Isso porque a "situação da classe operária é a base real e o ponto de partida de todos os movimentos sociais de nosso tempo", sendo "simultaneamente, a expressão máxima e a mais visível manifestação de nossa miséria social"[3].

Filho de um rico industrial alemão, Engels, o *filho rebelde da burguesia*, então com apenas 24 anos, apresentou o percurso que realizou para efetivar sua empreitada: "Durante 21 meses, tive a oportunidade de conhecer de perto, por observações e relações pessoais, o proletariado inglês, suas aspirações, seus sofrimentos e suas alegrias"[4]. Suas fontes eram sempre referendadas e referidas às indicações originais, de modo que há uma enorme abundância de elementos empíricos dando densidade e concretude à obra. "Tudo que vi, ouvi e li está reelaborado neste livro", afirmou o autor[5].

É imperioso acrescentar que esse contato com o cotidiano operário, não só em suas condições de trabalho, mas em suas condições de vida, singelezas, vivências de tantas adversidades, seus carecimentos, a precariedade absoluta de suas moradias, a escassez de sua alimentação, dentre tantas outras dimensões presentes na esfera reprodutiva depauperada da classe trabalhadora, tudo isso o *jovem rebelde* somente pôde conhecer pela ajuda e participação ativa de sua

---

[3] Ibidem, p. 41.
[4] Idem.
[5] Idem.

parceira de tanto tempo, a operária irlandesa Mary Burns, que lhe apresentou aos rincões da vida proletária.

A percepção da heterogeneidade e diferenciação existente no interior de seu objeto o levou a esclarecer, desde logo, qual o melhor modo de denominá-lo. Diz Engels: "Utilizei também constantemente como sinônimos as palavras: operários (*working men*), proletários, classe operária, classe não proprietária e proletariado"[6].

Essa decisiva indicação não o impediu, entretanto, de descortinar o *núcleo fundamental da classe trabalhadora nascente* em Manchester: "Se quisermos, agora, examinar um a um, com mais cuidado, os principais setores do proletariado inglês, devemos começar [...] pelos operários fabris, isto é, aqueles cobertos pela legislação sobre as fábricas". Isso porque é essa legislação que regula a duração da jornada de trabalho nas indústrias "onde se fiam ou tecem a lã, a seda, o algodão e o linho [...]" e que se constitui nos "ramos mais importantes da indústria inglesa"[7].

Nas próprias palavras de Engels: "A classe de operários que vive desse trabalho representa o núcleo mais numeroso, mais antigo, mais inteligente e mais enérgico dos operários ingleses e também, exatamente por isso, o mais combativo e o mais odiado pela burguesia"[8]. Constituem, então, em seu conjunto, o operariado fabril, com ênfase especialmente nos "que processam o algodão" e que por isso "estão à frente do movimento operário". Na contraposição, encontra-se o empresariado industrial têxtil de Lancashire, núcleo mais forte da burguesia emergente e que por isso está "à frente da agitação burguesa"[9].

Em sua diversidade e heterogeneidade, Engels avança no desenho da classe trabalhadora inglesa, o que o levou a ter atenção especial com o trabalho das mulheres.

## A condição operária feminina, a exploração e seus tantos flagelos

A condição da mulher esteve presente com frequência em vários momentos da obra engelsiana e bastaria mencionar seu clássico *A origem da família, da*

---

[6] Ibidem, p. 43.
[7] Ibidem, p. 173.
[8] Idem.
[9] Idem.

*propriedade privada e do Estado*, para citar aquela que talvez seja a sua obra mais relevante, no que concerne à temática das mulheres[10].

Aqui, entretanto, vamos apresentar alguns aspectos da *condição operária*, presentes no livro que estamos apresentando, pois Engels dedicou nele particular atenção às mulheres operárias. Demonstrou, sempre respaldado em documentação médica e forte evidência empírica, que havia uma particularidade do trabalho fabril sobre o corpo feminino, cujas "deformações físicas, consequências de um trabalho muito prolongado, são ainda mais graves nas mulheres". Engels cita as "deformações na bacia, seja por uma má posição dos ossos" ou "por seu desenvolvimento defeituoso, seja por desvios na parte inferior da coluna vertebral" que são frequentemente "resultantes do excessivo trabalho fabril"[11].

E, com uma sensibilidade incomum para seu tempo, dada a acuidade e meticulosidade de sua pesquisa, analisou as diferenciações de sexo no interior da classe operária: "O fato de as operárias fabris terem trabalhos de parto muito mais difíceis que as outras mulheres é atestado por inúmeras parteiras e médicos, bem como o fato de abortarem com mais frequência". E acrescenta que as mulheres sofrem muito mais intensamente a destruição e o debilitamento físico geral que atinge o conjunto do proletariado fabril, presente, por exemplo, no fato recorrente de que, "quando grávidas, elas são obrigadas a trabalhar *até quase o momento do parto* – evidentemente, se deixam de trabalhar muito antes, correm o risco de se verem substituídas e postas na rua e, além do mais, perderiam o salário"[12].

E, com a ironia e contundência de quem conhecia por dentro os "valores da burguesia" – sem ironia, poderíamos falar na conhecida *desfaçatez da classe proprietária* –, Engels acrescenta que "se os senhores burgueses não veem nisso nada de extraordinário" – do mesmo modo que tratam o trabalho infantil como *natural*, como veremos adiante –, "talvez suas mulheres me concedam a admissão de que obrigar uma grávida a trabalhar de pé" e fazer tantos movimentos físicos durante suas atividades, como "abaixar-se e [...] levantar-se inúmeras vezes durante doze ou treze horas (e, no passado,

---

[10] A obra de Engels é rica e vastíssima, mas devemos ao menos mencionar, pela importância das temáticas, além de *A origem da família, da propriedade privada e do Estado* (trad. Nélio Schneider, São Paulo, Boitempo, 2019), acima referida, também a *Dialética da natureza* (trad. Nélio Schneider, São Paulo, Boitempo, 2020).

[11] Friedrich Engels, *A situação da classe trabalhadora na Inglaterra*, cit., p. 197.

[12] Ibidem, p. 198.

ainda mais) até o momento do parto é uma crueldade inqualificável, uma barbaridade infame"[13].

Sua condição anterior, de *filho da burguesia*, suplantada e substituída pela enfática e decisiva adesão ao socialismo, permitiu a Engels melhor compreender tanto as diversas formas de manifestação das explorações e opressões da burguesia quanto as motivações da atitude da classe trabalhadora. Temerosa de ser demitida, sua *condição de classe* lhe fazia conhecer o "pavor do desemprego", que significava ainda mais miséria, e a obrigava a "retornar ao trabalho rapidamente, não obstante sua fraqueza e suas dores; o interesse do industrial não lhe permite um puerpério adequado"[14].

Dada essa dura realidade, Engels acrescenta que, do mesmo modo que "os operários, as operárias também não têm o direito de adoecer e deixar o trabalho para recuperar-se". Isso ocorre porque, se a classe operária tivesse esse *direito de adoecer*, o "industrial teria de parar uma máquina ou incomodar sua nobre cabeça para proceder a uma substituição temporária", mas, antes que isso ocorra, "ele despede a operária"[15].

Se esses exemplos fazem crer que estávamos na zona limítrofe da exploração e das opressões, é sempre bom recordar que, para as classes burguesas, não há fronteiras quando se trata de explorar para acumular. É por isso que o que é efetivamente vilipêndio se converte em "dádiva". O trabalho infantil talvez seja o exemplo mais emblemático.

---

[13] Idem.

[14] Idem.

[15] Idem. Rosa Luxemburgo talvez tenha tido, em alguma medida, uma inspiração engelsiana (se me for permitido aqui essa ilação) quando afirmou, em seu contundente artigo "A proletária", que a "proletária precisa de direitos políticos, pois exerce a mesma função econômica que o proletário masculino na sociedade, se sacrifica igualmente para o capital, mantém igualmente o Estado, e [é] igualmente sugada e subjugada por ele". E acrescentou: "Formalmente, o direito político da mulher insere-se harmonicamente no Estado burguês. [...] Mas como o direito político da mulher é, hoje, uma reivindicação de classe puramente proletária, então, para a atual Alemanha capitalista, [...] o direito de voto das mulheres apenas pode vencer ou sucumbir junto com toda a luta de classes do proletariado, apenas pode ser defendido com os métodos proletários de luta e os seus meios de poder" (*Rosa Luxemburgo*, v. 1: *Textos escolhidos*, org. Isabel Loureiro, São Paulo, Ed. Unesp, 2018, p. 493-6).

## A burguesia não tem limites: até as crianças são brutalmente exploradas

Essas condições adversas são, então, mais intensas quando se analisam os traços de *gênero* e *geração*, os quais padecem de níveis ainda maiores de exploração do trabalho. Outro exemplo cuidadosamente apresentado por Engels é o ingresso precoce dos filhos de operários/as no universo fabril. Já mencionei algumas vezes, em depoimentos que fiz nesse período de pandemia, que o que mais me impressionou quando visitei o Museu da Revolução Industrial em Manchester, o Quarry Bank Mill, não foi a maquinaria em sua intensa e lépida evolução, mas a rudeza e a violência estampadas nos caixotes que se avolumavam dentro dos galpões onde dormiam as crianças operárias, naquela que havia sido, no passado, um exemplo de fábrica têxtil, o ramo mais emblemático na explosão da indústria na Inglaterra.

O nosso *jovem rebelde*, em seu estudo excepcional, nada *neutro*, mas profundamente *objetivo*, mostrou que *por volta dos nove anos as crianças operárias eram enviadas para as fábricas*, sendo comum encontrar, também em Manchester, mães com quinze anos de idade. As consequências desse flagelo são duras e duradouras, acarretando, como diz Engels, novos elementos nocivos para a classe trabalhadora.

Segundo suas palavras: "na maioria das fiações de algodão e linho, especialmente nas seções onde a matéria é cardada e penteada, o ar é carregado de poeira filamentosa que produz afecções pulmonares", o que significa que "alguns organismos podem suportar essa atmosfera, outros não". Mas essa condição é algo que os operários "não têm escolha", pois são obrigados "a aceitar trabalho onde exista, quer os seus pulmões estejam bem ou não". Como consequência, os "efeitos mais comuns da inspiração dessa poeira são os escarros de sangue, a respiração ofegante e sibilante, dores no peito, tosse, insônia, todos os sintomas da asma e, nos piores casos, a tuberculose pulmonar"[16].

Segundo o autor, especialmente "nociva é a fiação úmida do linho, executada por moças e crianças", uma vez que a "água salta dos fusos, encharca as roupas e deixa molhado o piso". Algo similar ocorre, ainda que em menor intensidade, "nas seções de dobagem do algodão", acarretando "resfriados crônicos e afecções pulmonares. Se a maioria dos operários fabris tem a mesma voz fraca e rouca, têm-na todos aqueles que trabalham na fiação úmida do linho e na dobagem"[17].

---
[16] Friedrich Engels, *A situação da classe trabalhadora na Inglaterra*, cit., p. 199-200.
[17] Ibidem, p. 200.

Vale recordar que a presença do trabalho infantil no espaço fabril, que mereceu a investigação crítica e arguta de Engels, foi baseada especialmente nos relatórios de inspetores de fábrica (mesma documentação que foi decisiva para Marx analisar as condições de trabalho em *O capital*), cuja função era verificar se a (precária) legislação social do trabalho estava sendo cumprida ou burlada. E foi com base nessas informações que, em 1843, dois inspetores "declaram que um grande número de industriais daqueles ramos de produção onde o trabalho infantil pode ser dispensado ou substituído pelo de adultos ainda obrigam crianças a trabalhar de catorze a dezesseis horas ou mais", sendo frequentes também jovens com idade um pouco maior do que aquela prevista em lei[18].

E acrescentou que os empresários "violam deliberadamente a lei, reduzindo as horas de descanso e obrigando as crianças a jornadas muito mais longas que as permitidas", uma vez que, quando são denunciados, recebem uma "multa eventual [que] é muito pequena em comparação com os ganhos que obtêm com a violação da lei; especialmente em períodos nos quais os negócios prosperam, os industriais são muito tentados a esse tipo de comportamento"[19].

Nessa mesma obra Engels também tratou da formação do proletariado mineiro, particularmente importante na história do movimento operário inglês pelo fornecimento de matérias-primas (minerais, metais e carvão mineral, a hulha), e analisou o proletariado agrícola, que fora resultado da ruína dos pequenos camponeses, dada a concentração da propriedade da terra, levando-os a perder a pequena propriedade e converter-se em "trabalhadores agrícolas a serviço dos grandes proprietários fundiários ou dos grandes arrendatários"[20].

Assim, articulando meticulosamente evidência empírica e uma fina análise social crítica, Engels ofereceu um desenho de *corpo inteiro* da classe trabalhadora inglesa. Seu livro dedicou particular atenção também às primeiras formas de resistência e organização do proletariado, oferecendo uma recuperação histórica riquíssima, desde os embriões da luta operária até o ponto máximo que sua ação política de então conseguiu atingir, quando a luta de classes levou o proletariado a criar o Movimento Cartista (denominação oriunda da Carta do Povo, como veremos adiante). Esse importante resgate está presente no capítulo "Os movimentos operários"[21].

---

[18] Ibidem, p. 209.
[19] Idem.
[20] Ibidem, p. 293.
[21] Ibidem, p. 247-74.

Mas, antes de tratar desse ponto, é importante recordar que Engels tinha claro que a concorrência dentro da classe operária se constituía em elemento profundamente deletério, uma vez que dificultava e até mesmo obstava a formação da solidariedade e da consciência de classe.

## A concorrência dentro do operariado: a "primeira arma" da burguesia

A vivência de Engels, tanto como membro de família empresarial quanto como jovem comunista que começava a se formar, permitiu-lhe constatar o papel profundamente desorganizador que a concorrência impõe à classe trabalhadora. Segundo Engels, ela "é a expressão mais completa da guerra de todos contra todos que impera na moderna sociedade burguesa". Isso porque estampa uma "guerra pela vida, pela existência", que "não se trava apenas entre as diferentes classes da sociedade, mas também entre os diferentes membros dessas classes", uma vez que cada um "constitui um obstáculo para o outro e, por isso, todos procuram eliminar quem quer que se lhes cruze o caminho e tente disputar o seu lugar". Por conta dessa trágica lógica, na qual um se converte em inimigo do outro, os "operários concorrem entre si tal como os burgueses"[22].

Os exemplos apresentados são abundantes, e encontravam vigência desde os primórdios do movimento operário. Engels indicou que tanto o "tecelão que opera um tear mecânico concorre com o tecelão manual" quanto o tecelão manual desempregado ou mal remunerado "concorre com aquele que está empregado ou é mais bem pago" e visa assumir seu emprego. Trata-se, então, do "que existe de pior nas atuais condições de vida do proletariado", uma vez que constitui a "arma mais eficiente da burguesia" em sua luta contra a classe trabalhadora[23].

Não é por outro motivo que o proletariado se esforça "para suprimir tal concorrência por meio da associação". Na contraposição, é exatamente contra essa associação de classe que a burguesia expressa seu "furor" a cada vitória sobre a classe operária, manifestando seu "grande júbilo a cada derrota que consegue impor-lhes"[24].

---

[22] Ibidem, p. 117.
[23] Ibidem, p. 117-8.
[24] Ibidem, p. 118.

A constatação engelsiana é cáustica e contundente: sendo o proletariado "desprovido de tudo", não lhe seria possível sobreviver "porque a burguesia se arrogou o monopólio de todos os meios de subsistência, no sentido mais amplo da expressão". Desse modo, tudo que a classe trabalhadora necessita, "só pode obtê-lo dessa burguesia, cujo monopólio é protegido pela força do Estado"[25].

É por esse motivo "que o proletariado, de direito e de fato, é escravo da burguesia, que dispõe sobre ele de um poder de vida e de morte". Dela, o operariado recebe somente o necessário para sua sobrevivência, mas ainda assim lhe impõe, como condicionante, a obrigação de fornecer um "equivalente", isto é, "seu trabalho". Ao assim proceder, a classe burguesa lhe dá a "aparência de agir segundo sua própria vontade, de estabelecer livremente com ela um contrato, sem constrangimentos, como se o proletariado fosse o autor de seu próprio destino"[26].

Mas como a *história da sociedade é a própria história da luta de classes*, pouco a pouco começaram a germinar e florescer as lutas da classe operária. E, uma vez mais, as indicações de Engels são preciosas. Coube a ele dedicar atenção especial aos *primeiros passos* dessas lutas, resgatando-os no capítulo "Os movimentos operários".

## As respostas do operariado: os primórdios da luta de classes na Inglaterra

Engels começou esse capítulo afirmando que o operariado "só pode afirmar sua qualidade humana pela oposição contra todas as suas condições de vida", o que é uma empreitada de tal envergadura "que mesmo os atos mais violentos de hostilidade dos operários contra a burguesia e seus servidores não são mais que a expressão aberta e sem disfarces daquilo que, às ocultas e perfidamente, a burguesia inflige aos operários"[27].

Demonstrou também que foi a partir da explosão das atividades industriais que começaram a eclodir as rebeliões operárias, em uma processualidade que experimentou várias fases. E foi assim que Engels indicou que a "primeira forma" de revolta, dotada de componente "mais brutal e estéril", deu-se através do crime. Constatada a desigualdade profunda, vendo os donos do capital ampliarem

---

[25] Idem.
[26] Idem.
[27] Ibidem, p. 248.

suas riquezas, ao mesmo tempo que o operariado "tinha de suportar condições tão horríveis", não lhe restava outra alternativa senão o roubo. Este, entretanto, foi expressão de uma "forma de protesto mais rudimentar e inconsciente" e nunca se configurou como uma tendência do conjunto do proletariado[28].

Foi com a introdução da maquinaria, nos inícios da Revolução Industrial, que se desencadeou um vasto movimento de destruição das máquinas que ficou conhecido como *ludismo*. Mas tratava-se, ainda segundo Engels, de um movimento isolado e limitado, focado em um único elemento, qual seja, a expansão do maquinário industrial. Mesmo com a sucessão de ações de destruição das máquinas, novas eram introduzidas e o círculo se perpetuava[29].

Foi essa constatação que levou o operariado a "encontrar uma forma nova de oposição"[30]. E esse salto de organização e de consciência de classe foi obtido com a criação das *trade unions*, os sindicatos operários ingleses, que passaram a lutar pela sua legalização, que se efetivou em 1824, quando conseguiram o reconhecimento do direito de constituição desse organismo vital para a classe trabalhadora na luta contra a exploração do trabalho, o que lhes permitiu superar a fase anterior, na qual as organizações eram secretas.

A partir de então, conquistado o "direito à livre associação, essas sociedades rapidamente se expandiram por toda a Inglaterra e tornaram-se fortes". Espalharam-se para "todos os ramos de trabalho", tendo como finalidade "proteger o operário contra a tirania e o descaso da burguesia"[31].

E esse avanço permitiu que os sindicatos, além de lutarem por salários e melhores condições de trabalho, fossem pouco a pouco organizando associações mais amplas, de perfil federativo, procurando se "unir *numa só organização* de toda a Inglaterra", sendo que a primeira foi criada em 1830, assumindo a configuração de uma "associação geral de operários de todo o reino, com organizações específicas para cada categoria". Mas Engels recorda que "esses experimentos foram raros e de curta duração, porque uma organização desse tipo só pode ter vida e eficácia à base de uma agitação geral de excepcional intensidade"[32].

A partir desses *primeiros passos*, os *movimentos operários* deslancharam, buscando novos objetivos e novas conquistas. E foi assim que surgiram as

---

[28] Idem.
[29] Ibidem, p. 248-9.
[30] Ibidem, p. 249.
[31] Ibidem, p. 250.
[32] Idem.

primeiras greves (*strikes*), isto é, começaram a ocorrer paralisações do trabalho quando o patronato se recusava "a pagar o salário fixado pela associação". As associações ordenavam "a suspensão do trabalho", que poderia ser "parcial, quando um ou alguns patrões se recusam a pagar o salário proposto pela associação, ou geral, quando a recusa provém de todos os patrões de um determinado ramo"[33].

Engels recordou, ainda, que a concorrência e as divisões no seio do proletariado deram origem aos famigerados *knobsticks,* os "fura-greves", cooptados pela burguesia para informar o patronato das ações operárias, delatar suas lideranças etc., com o objetivo de derrotar a greve e a força da organização operária[34].

Por conta dessas tantas dificuldades, a "história dessas associações é a história de uma longa série de derrotas dos trabalhadores, interrompida por algumas vitórias esporádicas". Isso ocorria porque o poder econômico do capitalista tinha vários instrumentos para preservar tanto a dominação como a exploração. Engels acrescentou que, quando essas ações de resistência visavam "causas de menor magnitude", muitas vezes acabavam por ter maior eficácia. Isso porque, além de enfrentar a "concorrência dos outros industriais, agora são os próprios operários que o pressionam quando o mercado de trabalho lhes é mais favorável – e, nessas condições, podem obrigá-lo a um aumento mediante uma greve"[35].

Engels constatou, em sua pesquisa, a *dialética presente nas greves*, tendência que tem sido um traço na história do movimento operário, na qual *vitórias* e *derrotas* se alternam, sendo que, na primeira metade da década de 1840 na Inglaterra, as vitórias foram menos frequentes do que as derrotas.

Essa constatação o levou a indagar: "por que os operários entram em greve, dada a evidente ineficácia de sua ação? Simplesmente porque *devem* protestar contra a redução do salário" e, mais ainda, "não podem adaptar-se às circunstâncias, mas, ao contrário, as circunstâncias devem adaptar-se a *eles*", pois a recusa em resistir "equivaleria à aceitação dessas condições de vida, ao reconhecimento do direito de a burguesia explorá-los durante os períodos de prosperidade e deixá-los morrer de fome nos períodos desfavoráveis"[36].

---

[33] Ibidem, p. 251.
[34] Idem.
[35] Ibidem, p. 251-2.
[36] Ibidem, p. 252-3.

Mas houve também outro elemento central destacado por Engels: os sindicatos e as greves significaram a "primeira tentativa operária para *suprimir a concorrência*", o que expressou um salto da consciência operária quando compreendeu "que o poder da burguesia se apoia unicamente na concorrência entre os operários, isto é, na divisão do proletariado, na recíproca contraposição dos interesses dos operários tomados como indivíduos"[37].

Desse modo, os sindicatos ajudavam os operários a tomar consciência de sua força coletiva e, assim, recusar-se a vender sua força de trabalho abaixo de suas necessidades básicas, demonstrando, desse modo, que, "além de força de trabalho", os operários organizados em sindicatos dispunham "também de vontade", o que lhes possibilitou exercer uma contraposição à "economia política moderna", lutando para a derrogação das "leis que regem o salário"[38].

E uma vez que os operários reconhecem que "não dispõem da força para mudá-la, é mais que natural que avancem propostas para modificá-la" e que "no lugar da lei burguesa, queiram instaurar uma lei proletária". Dessa constatação e das tantas lutas que estavam em curso, nasceu a *Carta do Povo*, "proposta do proletariado [...] cuja forma possui um caráter exclusivamente político [...]"[39].

## O primeiro esboço de uma política operária independente: o movimento cartista

Foi, então, como desdobramento da eclosão das greves e da criação de inúmeras associações sindicais, que floresceu na Inglaterra o movimento cartista. Por serem frequentemente derrotadas, recordava o autor, as greves não conseguiam alterar as leis que restringiam e limitavam enormemente os direitos operários. Foi por isso que o cartismo nasceu como consequência política das lutas da classe trabalhadora, em *oposição e confrontação* à legislação burguesa, com o objetivo de conquistar "uma lei proletária"[40].

A *Carta do Povo* continha, desde o seu início, "um caráter exclusivamente político", uma vez que se tratava de uma "forma condensada da oposição à

---

[37] Ibidem, p. 253.
[38] Idem.
[39] Ibidem, p. 262.
[40] Idem.

burguesia", rompendo o isolamento que era frequente nas greves e lutas operárias. Por isso pode-se dizer que o cartismo foi criado como um movimento capaz de confrontar a burguesia e seu "poder político, a muralha legal com que ela se protege"[41].

Foi assim que, em 1838, a Associação Geral dos Operários de Londres elaborou a proposta que se tornou conhecida como a *Carta do Povo*, composta de seis bandeiras centrais para o movimento: 1) sufrágio universal para os operários; 2) renovação anual do Parlamento; 3) remuneração para os parlamentares, de modo a garantir a sobrevivência dos proletários eleitos; 4) eleições secretas; 5) igualdade dos colégios eleitorais iguais e 6) fim da exigência da posse de propriedades de terra para as candidaturas. De acordo com Engels, esses pontos, em seu conjunto, uma vez implementados, seriam suficientes, "por mais anódinos que possam parecer, para fazer ruir a Constituição inglesa e, com ela, a rainha e a Câmara Alta"[42].

No plano mais analítico, nosso autor percebia também as limitações do cartismo, concebendo-o como "um movimento essencialmente operário", mas que "ainda não se distinguia nitidamente da pequena burguesia radical" e, por isso, "caminhava no mesmo passo que o radicalismo burguês"[43]. Mas acrescentou também que foi tanto como consequência dos embates (de que foi exemplo a luta pela jornada de trabalho de dez horas) quanto da radicalização das lutas e ações operárias por melhores salários e condições de trabalho que as sublevações passaram a defender a *revolução*, selando "a separação definitiva entre o proletariado e a burguesia"[44].

Os operários cartistas lideravam, então, "todas as lutas do proletariado contra a burguesia"[45], assumindo desse modo, além de seu conteúdo político, também uma "*natureza essencialmente social*"[46]. Resultado dessa relevante fusão, avançando para além dos "seis pontos" de seu programa inicial, a nova proposta passou a ser: "O poder político é o nosso meio; a nossa finalidade é o bem-estar social"[47]. Foi assim que, sempre segundo Engels, a "aproximação

---

[41] Idem.
[42] Ibidem, p. 262-3.
[43] Ibidem, p. 263.
[44] Ibidem, p. 267.
[45] Ibidem, p. 268.
[46] Ibidem, p. 269.
[47] Idem.

ao socialismo" tornava-se "inevitável", especialmente pela crise econômica que "se seguirá à atual fase favorável à indústria e ao comércio"[48].

Apostando na história, Engels acrescenta que o "socialismo autenticamente proletário", presente no cartismo, "depurado de componentes burgueses, tal como já se desenvolve hoje entre muitos socialistas e muitos dirigentes cartistas (que são quase todos socialistas), assumirá com certeza, e em breve, um papel importante na história do proletariado inglês"[49].

Mesmo sabendo "que o movimento operário está dividido em duas frações: os cartistas e os socialistas", o *jovem rebelde* realizou uma síntese preciosa ao acrescentar que os cartistas são "proletários autênticos, de carne e osso" e "representam legitimamente o proletariado". Já os "socialistas têm horizontes mais amplos [...], mas provêm originariamente da burguesia e, por isso, são incapazes de se amalgamar com a classe operária"[50].

Desse balanço que fez do movimento operário inglês em sua primeira fase mais acentuadamente política, sua conclusão foi: "A fusão do socialismo com o cartismo [...] será a próxima etapa e ela já está em curso"[51]. E finalizou assim esse capítulo primoroso:

> Quanto mais o sistema fabril penetra num ramo de trabalho, tanto mais ativamente os operários participam do movimento; [do mesmo modo,] quanto mais agudo se torna o contraste entre operários e capitalistas, tanto mais desenvolvida, tanto mais aguçada se torna a consciência proletária [...].[52]

Por certo, havia um forte otimismo da parte de Engels, dado o contexto inglês, pautado por uma profunda crise econômica, social e política, que levou nosso autor a acreditar que a revolução "estava próxima", influência que, segundo Gustav Mayer, deveu-se em alguma medida aos depoimentos dos militantes cartistas[53]. Mas vimos também, conforme constatou Marcelo Badaró, que Engels tinha consciência das limitações ideológicas do cartismo inglês, uma vez que o "horizonte político" desse movimento "ainda se via limitado pelo horizonte da sociedade capitalista", pois "os socialistas que atuavam

---

[48] Idem.
[49] Ibidem, p. 270-1.
[50] Ibidem, p. 271.
[51] Idem.
[52] Ibidem, p. 273.
[53] Gustav Mayer, *Friedrich Engels: uma biografia* (trad. Pedro Davoglio, São Paulo, Boitempo, 2020), p. 54.

na Inglaterra, embora apontassem para a superação do capitalismo, possuíam uma origem de classe burguesa que gerava dificuldades de atuação no meio proletário". O que o levou a concluir, em sintonia com as nossas formulações, que "Engels apostava na fusão entre socialismo e cartismo, o que potencializaria um projeto de poder da classe trabalhadora"[54].

Se a história do movimento operário na Inglaterra não o levou à vitória, podemos dizer que as bases da *revolução social* já estavam em processo de gestação.

## E quando tudo que é sólido pode se desmanchar no ar...

A tese engelsiana acerca da expansão e do papel propulsor do proletariado na *revolução social*, já indicada em *A situação da classe trabalhadora na Inglaterra*, reapareceu com grande força no célebre *Manifesto Comunista*[55], que, como sabemos, foi escrito por Marx e Engels, em fins de 1847, a pedido da Liga dos Comunistas.

Essa tese pode ser assim resumida: com a expressiva expansão do capitalismo, em sua nova fase industrial, o proletariado não só avançava *quantitativamente*, em proporção exponencial, mas também *qualitativamente*, como vimos pelos exemplos dados em suas primeiras lutas, nas greves e nos avanços da organização sindical e política, bem como no fortalecimento de sua consciência de classe.

Tratava-se, então, do advento de uma *nova classe*, fruto do desenvolvimento da indústria, que aglutinava a totalidade dos assalariados que "só vivem enquanto têm trabalho" e "só têm trabalho enquanto seu trabalho aumenta o capital"[56]. Dado que o capitalismo se expandiu, desde os seus inícios, objetivando a criação de um mercado mundial, para tanto ele dependia diretamente do operariado. Foi como consequência dessa tese que Engels e Marx escreveram uma frase que se tornou célebre: o *capital, em seu processo de valorização, cria o seu próprio coveiro*[57], uma vez que é inteiramente dependente do proletariado para criar a riqueza de que a burguesia se apropria privadamente.

---

[54] Marcelo Badaró Mattos, *A classe trabalhadora: de Marx ao nosso tempo* (São Paulo, Boitempo, 2019), p. 12.

[55] Karl Marx e Friedrich Engels, *Manifesto Comunista* (trad. Álvaro Pina e Ivana Jinkings, São Paulo, Boitempo, 1998).

[56] Ibidem, p. 46.

[57] Ibidem, p. 51.

Essa contradição *ineliminável* do sistema capitalista fez com que essa *nova classe*, a *classe trabalhadora*, se convertesse na única efetivamente capaz de criar riqueza social. Ao vivenciar a exploração de sua força de trabalho e, consequentemente, gerar mais valor, ela vê seu excedente de trabalho ser inteiramente apropriado pelo capitalista (uma vez que esse sobretrabalho não gera remuneração aos trabalhadores e trabalhadoras).

Aqui é necessário dizer que, como é o trabalho humano que cria o mais-valor, a introdução e desenvolvimento da maquinaria, com todo o arsenal tecnológico que a acompanha, somente pode *potencializar* a produção, mas não é capaz, *por si só*, de criar mais-valor e riqueza, por mais que possa potencializá-la.

Como desdobramento dessa concretude e realidade, Marx e Engels acrescentam que o proletariado não pode "apoderar-se das forças produtivas sociais senão abolindo [...] todo modo de apropriação existente até hoje"; o que lhe coloca um desafio crucial: "os proletários nada têm de seu a salvaguardar; sua missão é destruir todas as garantias e seguranças da propriedade privada até aqui existentes"[58].

E, reconhecendo as tantas dificuldades que decorrem desse *enorme desafio histórico*, Marx e Engels alertam para o fato de que a "organização do proletariado em classe e, em seguida, em partido político, é incessantemente destruída pela concorrência que fazem entre si os próprios operários", aflorando aqui uma clara remissão à tese engelsiana, que fora apresentada, como vimos, em seu estudo pioneiro.

Mas reiteram também, dada a contradição presente na luta de classes, que a classe trabalhadora também sabe se aproveitar "das divisões internas da burguesia para obrigá-la ao reconhecimento legal" de algumas de suas lutas, "como, por exemplo, a lei da jornada de dez horas de trabalho na Inglaterra"[59].

É exatamente nesse contexto, marcado por profundas contradições, que nossos autores relembram que a burguesia, a seu tempo, também soube fazer a *sua revolução*, quando dissolveu "todas as relações sociais antigas e cristalizadas, com seu cortejo de concepções e de ideias secularmente veneradas". E isso ocorreu exatamente porque "tudo o que era sólido e estável se desman[chou] no ar, tudo que era sagrado [foi] profanado"[60].

É por essa força que o *Manifesto Comunista*, escrito por Marx e Engels, talvez seja o mais emblemático texto de toda a história da ação e do pensamento

---

[58] Ibidem, p. 50.
[59] Ibidem, p. 48.
[60] Ibidem, p. 43.

revolucionário do proletariado. Texto, aliás, escrito às vésperas de 1848, ano em que um "espectro rond[ou] a Europa – o espectro do comunismo"[61].

## Uma breve nota final

Embora a concepção de classe trabalhadora seja resultado de uma obra conjunta, escrita ao longo de décadas pelos dois criadores do socialismo científico, podemos concluir afirmando, como procuramos demonstrar neste texto, que as primeiras (e principais) formulações se encontram nesse magnífico livro que é *A situação da classe trabalhadora na Inglaterra*, que tanta importância teve (e ainda tem) para o avanço do pensamento anticapitalista.

Dado o intenso intercâmbio pessoal, intelectual, político e ideológico entre esses dois fundadores do marxismo, a partir de um dado momento a obra de ambos se mesclou com tal intensidade que somente os livros de autoria única podem indicar singularidades e particularidades, que por certo existem, em seus respectivos trabalhos[62].

Devemos a Engels, entretanto, a chave analítica da conceitualização de classe trabalhadora, cujo *ponto de partida* é a compreensão do papel central exercido pelo proletariado na *produção e reprodução da vida social*, bem como em sua efetiva presença na *luta entre as classes* que caracteriza a sociedade capitalista.

Urge esclarecer, entretanto, que essa formulação não é um *a priori*, mas, de fato, uma compreensão que foi resultado de um estudo profundamente criterioso, tanto em termos empíricos como analíticos. Foi como resultado de uma análise densa que o proletariado aflorou, desde seus primeiros momentos, como a classe responsável pela criação da riqueza social e que, apesar disso, sempre foi completamente *desprovida dos meios de produção e de riqueza*.

E é exatamente essa realidade que lhe confere a *possibilidade histórica* de abolir o modo de produção capitalista. Como o capital só pode se reproduzir e se ampliar pela exploração da força de trabalho viva e da consequente extração de mais-valor, estabelece-se uma *contradição insolúvel* dentro do sistema capitalista, entre burguesia e proletariado, *contradição esta que*

---

[61] Ibidem, p. 39.

[62] A esse respeito, remeto especialmente ao excelente *Karl Marx: uma biografia*, de José Paulo Netto (São Paulo, Boitempo, 2020) e também àquele anteriormente referido, de autoria de Gustav Mayer, *Friedrich Engels: uma biografia*, cit.

*impulsiona cotidianamente a luta de classes, independentemente* do fato de que ela se apresente ora de modo *mais aberto*, como nas situações revolucionárias, ora de modo *mais dissimulado*, quando a classe trabalhadora, em sua cotidianidade, encontra-se mais voltada para a sua sobrevivência *imediata*, mais subsumida ao ideário burguês, com toda a sua infinidade de mistificações, manipulações e empulhações.

É exatamente por isso que a luta da classe trabalhadora pode assumir tanto uma *potencialidade revolucionária*, quando *tudo que parece sólido pode se desmanchar no ar*, como pode ater-se aos âmbitos mais imediatos, isto é, mais próximos do que István Mészáros ricamente denominou *consciência contingente*[63]. Bastaria pensar na chamada *aristocracia operária europeia*, tão duramente criticada por Engels e Marx.

Dito de outro modo: o grande atributo do proletariado (que, no passado, também foi da burguesia) é sua efetiva possibilidade de se constituir enquanto *potência transformadora* e *revolucionária*. Mas, é preciso acrescentar, essa *possibilidade histórica* é contrabalançada pela prevalência de suas ações que o aproximem, em sua vida cotidiana, a uma *práxis* mais próxima da *imediatidade* e da *contingência*.

À guisa de conclusão: Engels foi o primeiro a demonstrar com riqueza, originalidade, densidade e contundência, que a *classe trabalhadora* (ou o *proletariado*, ou ainda a *classe operária*) é fundamental pelo papel que exerce na geração de riqueza. Por consequência, são as suas lutas, confrontações e ações revolucionárias que podem centralmente obstar a criação de riqueza apropriada privadamente pelo capital.

Mas, para tanto, vimos também que desde cedo Engels sempre aludiu à necessidade de a classe operária avançar em direção a uma maior *consciência de classe*, isto é, a *consciência* de seu *ser*, a consciência de sua condição de existência, de classe explorada diuturnamente pelo capital e, ao assim proceder, avançar em direção à *consciência emancipada*.

Para que isso não pareça uma abstração, vamos dar, entre tantos, somente um exemplo, que, entretanto, foi magistral: a Comuna de Paris, evento *revolucionário, social e político*, no qual a busca da *emancipação humana e social* foi o mote central, estampado limpidamente em sua principal bandeira: *"Estamos aqui pela humanidade"*.

---

[63] Ver o belíssimo texto de István Mészáros, "Consciência de classe necessária e consciência de classe contingente", em *Filosofia, ideologia e ciência social* (trad. Ester Vaisman, São Paulo, Boitempo, 2008), p. 55-90.

Por certo, o capitalismo contemporâneo vem complexificando seus instrumentos de dominação, suas formas de acumulação, provocando profundas alterações tanto nas formas de produção quanto na composição das classes sociais, em um processo que se desenvolveu especialmente a partir do início da década de 1970.

Com o advento do neoliberalismo e a ampliação da hegemonia do capital financeiro, pudemos presenciar uma monumental reestruturação produtiva permanente do capital, em plena *crise estrutural*, que vem acarretando profundas consequências sociais no interior da classe trabalhadora.

Em *Adeus ao trabalho?*, *Os sentidos do trabalho* e, mais recentemente, *O privilégio da servidão*, entre outros, venho procurando oferecer uma análise mais detalhada de *quem é a classe trabalhadora hoje*, qual é a sua *nova morfologia*.

Não pretendo repetir aqui as teses lá desenvolvidas, mas tão somente reconhecer que há, neste nosso *labor* que já completou 45 anos, uma profunda inspiração engelsiana.

Que esse momento em que a humanidade que trabalha comemora o segundo centenário de nascimento de Engels, possamos ganhar força e impulsão para chegarmos mais próximos daquilo que pautou toda a vida dessa figura ímpar dentro do movimento operário.

## Referências bibliográficas

ENGELS, Friedrich. *A origem da família, da propriedade privada e do Estado*. Trad. Nélio Schneider, São Paulo, Boitempo, 2019.

_____. *A situação da classe trabalhadora na Inglaterra*. Trad. B. A. Schumann, São Paulo, Boitempo, 2010.

_____. *Dialética da natureza*. Trad. Nélio Schneider, São Paulo, Boitempo, 2020.

LOUREIRO, Isabel (org.). *Rosa Luxemburgo*, v. 1: *Textos escolhidos*. São Paulo, Ed. Unesp, 2018.

MARX, Karl; ENGELS, Friedrich. *Manifesto Comunista*. Trad. Álvaro Pina e Ivana Jinkings, São Paulo, Boitempo, 1998.

MATTOS, Marcelo Badaró. *A classe trabalhadora:* de Marx ao nosso tempo. São Paulo, Boitempo, 2019.

MAYER, Gustav. *Friedrich Engels:* uma biografia. Trad. Pedro Davoglio, São Paulo, Boitempo, 2020.

MÉSZÁROS, István. Consciência de classe necessária e consciência de classe contingente. In: _____. *Filosofia, ideologia e ciência social*. Trad. Ester Vaisman, São Paulo, Boitempo, 2008.

NETTO, José Paulo. *Karl Marx:* uma biografia. São Paulo, Boitempo, 2020.

# Estado e direito em Marx e Engels: uma introdução
## Alysson Leandro Mascaro[*]

Ao mesmo tempo que são temas não especificamente sistematizados em seus textos, direito e Estado são elementos centrais da obra de Karl Marx e Friedrich Engels. Por toda a trajetória da produção teórica de Marx, o direito é um assunto presente, desde a sua juventude, quando de sua formação jurídica, até a sua obra máxima, *O capital*[**], na qual então desponta o problema da forma de subjetividade jurídica. Com o tema do Estado se dá o mesmo: Marx trata dele em seu engajamento de juventude e, na maturidade, alcança a ciência crítica sobre a forma política estatal. Com Engels, à caminhada de obras em comum com Marx soma-se, ao final de sua vida, um monumento ao problema do

---

[*] Professor da Faculdade de Direito da Universidade de São Paulo (Largo São Francisco – USP). Doutor e livre-docente em filosofia e teoria geral do direito pela USP. Autor, dentre outros, de *Estado e forma política* (2013) e *Crise e golpe* (2018), ambos pela Boitempo Editorial, e *Filosofia do direito* (2010), pela Atlas. (N. E.)

[**] Trad. Rubens Enderle, São Paulo, Boitempo, 2013-214, 3 v. (N. E.)

Estado e outro ao do direito: *A origem da família, da propriedade privada e do Estado*\* e *O socialismo jurídico*\*\*.

Marx se confronta com o direito desde jovem, logo quando busca passar a limpo sua formação jurídica em textos como a *Crítica da filosofia do direito de Hegel*\*\*\*. Nesse mesmo período de juventude, artigos como "Debates sobre a lei referente ao furto de madeira"\*\*\*\* e *Sobre a questão judaica*\*\*\*\*\* também tocam em questões jurídicas. Mas se nesse período e, em especial, na *Crítica da filosofia do direito de Hegel*, esse confronto se faz em negativo, mostrando os limites, contradições e erros do pensamento jurídico hegeliano e do idealismo burguês de seu tempo, em *A ideologia alemã*\*\*\*\*\*\*, então, Marx dá um passo adiante: aponta para a materialidade histórica do direito e sua determinação econômico-produtiva. Ao dizer que o direito comercial não veio da invenção do jurista comercialista, mas sim do comércio, e ao dizer que o direito não tem história própria, propõe, em positivo, que a juridicidade está atrelada ao nível econômico. Quando chega a *O capital*, Marx descobre o átomo da sociabilidade capitalista, a mercadoria, e daí infere que, não sendo as mercadorias trocadas por si só nos mercados, é preciso se voltar a quem as troca, seus portadores, os sujeitos de direito. A forma de subjetividade jurídica aí se revela: no capitalismo, os vínculos entre exploradores e explorados são contratuais, e os sujeitos, que se equivalem para esse vínculo, tornam-se iguais e livres a fim de se jungirem para a troca mercantil, para o lucro e para a exploração.

Toda a vida e a obra de Marx se entrelaçam com os temas do Estado e da política. O próprio *Manifesto Comunista*\*\*\*\*\*\*\* é exemplar nesse sentido. No entanto, a obra incontornável de Marx para os assuntos políticos é *O 18 de brumário de Luís Bonaparte*\*\*\*\*\*\*\*\*, a qual se pode mesmo considerar que seja a inauguradora da ciência política contemporânea. Em *O 18 de brumário de*

---

\* Trad. Nélio Schneider, São Paulo, Boitempo, 2019. (N. E.)

\*\* Em coautoria com Karl Kautsky, trad. Márcio Bilharinho Naves, São Paulo, Boitempo, 2012. (N. E.)

\*\*\* Trad. Rubens Enderle e Leonardo de Deus, São Paulo, Boitempo, 2005. (N. E.)

\*\*\*\* Em *Os despossuídos* (trad. Mariana Echalar e Nélio Schneider, São Paulo, Boitempo, 2017). (N. E.)

\*\*\*\*\* Trad. Nélio Schneider e Wanda Caldeira Brant, São Paulo, Boitempo, 2010. (N. E.)

\*\*\*\*\*\* Trad. Luciano Cavini Martorano, Nélio Schneider e Rubens Enderle, São Paulo, Boitempo, 2007. (N. E.)

\*\*\*\*\*\*\* Trad. Álvaro Pina e Ivana Jinkings, São Paulo, Boitempo, 1998. (N. E.)

\*\*\*\*\*\*\*\* Trad. Nélio Schneider, São Paulo, Boitempo, 2011. (N. E.)

*Luís Bonaparte*, dá-se a descoberta de que o Estado não é neutro, nem tampouco dependente imediatamente de quem o administra. Para além dos sujeitos que o dirigem, burgueses ou não, a forma política estatal é capitalista. Nas obras de plena maturidade de Marx, o tema do Estado volta, tanto no seio de uma problemática científica, como em *O capital*, quanto no embate político prático, como em *Crítica do Programa de Gotha*\*. Em *O capital*, a mesma descoberta da determinação pela produção, sendo a mercadoria o átomo da sociabilidade, faz com que o Estado seja pensado como forma política sustentadora e garante da própria produção e circulação. Em *Crítica do Programa de Gotha*, a insígnia do socialismo como superação da propriedade privada e da exploração do trabalho, exigindo de cada qual segundo sua capacidade e dando a cada qual segundo sua necessidade, rompe com a esquerda de seu tempo e com a mera administração política das formas capitalistas. Não se trata de dar melhorias salariais, mas sim de acabar com a exploração assalariada.

Engels tem um papel decisivo não só na caminhada intelectual comum com Marx, mas também, quando já da morte deste, na fixação de ideias, teses e horizontes marxistas num momento de refluxo e combate à radicalidade revolucionária. Se é verdade que seu pensamento não é mera cópia do de Marx, é verdade também que, em muitos aspectos, buscou obnubilar suas próprias posições para, ao seu modo – e muitas vezes de maneira polêmica – reforçar aquelas que julgava fossem as leituras mais corretas sobre Marx. Na parte final da obra de Engels, já após a morte de Marx, publica-se aquela que é, possivelmente, a obra mais conhecida do marxismo sobre o tema do Estado, *A origem da família, da propriedade privada e do Estado*. Nessa obra, Engels parte do pressuposto de que as sociedades da exploração – escravismo, feudalismo, capitalismo – operam mediante a apreensão dos meios de produção nas mãos de alguns contra a maioria, que, então, explorada, é reprimida pelo Estado. Para tanto, a apreensão privada organiza também os núcleos familiares e o patriarcado. Obra altamente libertária, tal livro, no entanto, não bebe do rigor conceitual de Marx em *O capital*, que compreende a forma política estatal e a forma jurídica como relações sociais específicas do capitalismo. Para Engels, as formas políticas pré-capitalistas guardariam um núcleo estatal, tal qual o Estado contemporâneo; a apreensão privada antiga é igualada à propriedade privada, esta especificamente jurídica e capitalista. Em sentido diverso, um livro de Friedrich Engels escrito em conjunto com Karl Kautsky, *O socialismo jurídico*, representa uma vigorosa inflexão em direção a uma leitura com rigor científico sobre o direito. Nessa

---

\*   Trad. Rubens Enderle, São Paulo, Boitempo, 2012. (N. E.)

obra, Engels se insurge contra as lutas reformistas que acreditavam ser possível chegar ao socialismo sem a destruição das formas sociais capitalistas, mediante o Estado e o direito. Os socialistas jurídicos são contrastados com os marxistas, cuja luta é contra as formas do capital, e não a favor de seu melhor manejo.

Desde então, com os eixos postos por Marx e Engels, há uma história de lutas de classes e sociais pelo mundo que afirma, nega, piora ou melhora esse quadro referencial sobre a política e o direito. Trata-se, já aqui então, da história do marxismo e da história em face do marxismo. As perseguições às teses marxistas sobre o Estado e o direito são várias: seu pêndulo passa por acusações de sangrenta e horrenda ditadura do proletariado até chegar a considerações de puerilidade por conta do projeto marxista de fim das explorações de classe, de igualdade decisória no campo da política e de abolição da repressão jurídica. Da parte dos próprios marxistas, também os desacertos e acertos teóricos e práticos acerca do Estado e do direito são múltiplos, não cabendo dizer que, historicamente, tenha havido uma posição única que fosse aceita *in totum* no interior das lutas e das teorias marxistas.

Proponho que se leiam, dentro do pensamento do próprio Marx, três eixos exemplares de suas obras a respeito do Estado, da política e do direito: tais eixos correspondem, exatamente e em sequência, à fase de juventude de Marx, à sua primeira maturação e, ao final, à sua plena maturidade de proposição científica. Às três fases do pensamento de Marx, segue-se uma outra etapa, a do balanço engelsiano que, ao menos em *O socialismo jurídico*, é bastante fiel a *O capital*, servindo de extrato pleno a espelhar o pensamento do Marx maduro. Ao cabo de todos esses eixos da obra de Marx e da de Engels, abrem-se então os marxismos. A partir daí, apresenta-se uma outra etapa – vastíssima e nada uníssona – da reflexão sobre a política e o direito no capitalismo.

\* \* \*

Marx, quando jovem e já precocemente de esquerda, defrontava-se com o direito também em razão de seus próprios estudos jurídicos. Pode-se dizer que sua reflexão inicial, embora já marcada por um cariz progressista e em favor dos alijados da sociedade, é ainda refém dos horizontes da esquerda tradicional. Em um texto de 1842 no qual se volta para a questão da criminalização do furto de lenha pelos pobres, "Debates sobre a lei referente ao furto de madeira", entre nós publicado em *Os despossuídos*, Marx toma partido dos pobres e argumenta ser um direito consuetudinário aquele de permitir aos despossuídos coletarem lenha para se aquecer e sobreviver. Tal direito natural, então, deveria continuar sendo respeitado, sem que contra isso incidisse repressão penal. Trata-se de uma justificativa a partir de argumentos de jusnaturalismo – respeitar os costumes, a tradição – que, embora aqui utilizados à esquerda, são filosoficamente os mesmos que, nos dias correntes, pleiteiam a tradição da família contra o divórcio ou o combate às orientações sexuais e afetivas ditas divergentes, não costumeiras, pelos reacionários. A filosofia do direito do jovem Marx já é de esquerda; não é ainda marxista.

A *Crítica da filosofia do direito de Hegel*, de 1844, é uma das obras fundamentais do período de formação de Marx. Após os anos como aluno da Faculdade de Direito, primeiro em Bonn, depois em Berlim, o jovem Marx passa a limpo sua formação jurídica e o hegelianismo reinante no panorama filosófico alemão. O livro de Hegel *Princípios da filosofia do direito*\* representava uma leitura bastante original do período no qual a Europa transitava entre o Antigo Regime e a nova ordem burguesa. O mundo do direito natural teológico e do jusracionalismo iluminista estava sendo substituído pelo juspositivismo. O Estado se anunciava, para Hegel, como razão em si e para si.

Marx, comentando parágrafo por parágrafo as próprias letras de Hegel, mas avançando contra o hegelianismo, anuncia em seu texto a crítica ao Estado, ao menos nos moldes pelos quais o próprio Estado se apresentava na realidade e no sistema hegeliano. Trata-se de uma crítica ao domínio do Estado pela burguesia, no que se revela uma postura teórica de Marx romântica e compromissada, de esquerda, mas que, em verdade, ainda não havia alcançado a natureza formal e estrutural do Estado no capitalismo. No mesmo livro, a crítica ao direito se faz contra o sentido de suas manifestações concretas, mas ainda não à sua forma.

Meses depois do comentário sistemático à obra de Hegel, o próprio Marx escreve um novo texto que lhe permitirá um avanço na sua compreensão teórica, já anunciando o problema da política para além da própria internalidade jurídica do Estado. A introdução que escreveu à sua própria *Crítica da filosofia do direito de Hegel* dá conta de um sujeito histórico específico, que passa a tomar corpo como sendo o cerne da possibilidade de transformação social: a classe trabalhadora. É com base em sua ação política – portanto, a partir do horizonte dos explorados do capital – que o problema do Estado se reconfigura. Assim, nessa primeira fase, Marx anuncia a tomada do Estado pela classe trabalhadora como o grande horizonte crítico da política.

\* \* \*

---

\* Trad. Orlando Vitorino, São Paulo, Martins Fontes, 1997. (N. E.)

A descoberta das ferramentas categoriais que permitirão a ciência sobre a historicidade e a sociabilidade capitalistas começa com a obra *A ideologia alemã*, de 1845. Aqui, Marx afasta os idealismos filosóficos – típicos da Alemanha que não realizara uma revolução burguesa e permanecia em fantasiosas justificativas de seu caráter peculiar – e põe-se a desbravar o terreno do materialismo histórico e dialético. O direito será tomado, então, como um elemento exemplar de tal mudança teórica. Para Marx, os institutos jurídicos não são advindos da mera criação voluntarista dos juristas. Eles advêm das relações materiais concretas, localizadas no nível econômico. É o comércio que engendra o direito comercial, não o saber ou a vontade de juscomercialistas. Se a Itália tem primazia histórica na formulação do direito comercial, ainda ao final da Idade Média, como na criação dos títulos de crédito, isso se deve tão só ao fato de que na Itália, nesse período, surgiu o moderno comércio. Marx descobre e afirma, de modo contundente e polêmico, em *A ideologia alemã*, que o direito, tal qual a religião, não tem história própria. Sua história é a das relações econômicas, produtivas.

Se logo na sequência de *A ideologia alemã* irrompe aquela que é a obra mais popular de Marx e Engels, o *Manifesto Comunista*, de 1848, na qual se levanta o dístico da união internacional da classe trabalhadora para a tomada do poder e a consecução de uma revolução comunista, a reflexão de Marx sobre a política, no entanto, dará um grande salto com seu livro *O 18 de brumário de Luís Bonaparte*, de 1852, uma obra também de sua produção intermediária, mas já de pleno avanço na sua maturação teórica. Aqui, Marx compreende, de modo bastante original, a natureza do Estado na reprodução da sociabilidade capitalista. Ao contrário do exposto em suas obras iniciais, o pensamento marxiano analisa, em *O 18 de brumário de Luís Bonaparte*, as estruturas políticas que persistem na reprodução capitalista, mesmo quando não diretamente controladas pela burguesia. Em um Estado cujos arranjos políticos liberais, diretamente burgueses, não dão conta de manter as condições para a reprodução do capital, o golpe de Estado promovido por Luís Bonaparte afasta a burguesia da administração estatal para, justamente com isso, resolver disputas internas de classe e, então, sustentar a própria marcha da continuidade burguesa. Em seu livro, Marx expõe que o Estado não é simplesmente um aparelho neutro à disposição da dominação das classes, moldado a partir de seu controle por elas. O Estado é estruturalmente capitalista, ainda que as classes que o controlem imediatamente não o sejam. Com isso, dá-se o salto de qualidade da teoria marxista quanto à política: não o domínio de classe, mas sim a forma política estatal é o horizonte que demanda o combate por parte dos socialistas.

O livro *O 18 de brumário de Luís Bonaparte*, ao analisar o caso específico de um golpe de Estado no seio de uma sociedade já burguesa, dá conta de entender como as relações políticas se realizam sob a determinação das relações econômicas do capital. Por isso, um golpe não é uma mudança do nível político que, apenas por conta disso, possa vir também a alterar o modo de produção. Napoleão Bonaparte afasta a burguesia do poder político para que então as frações de classe burguesa, que não se resolviam na disputa por esse próprio poder, sejam reorganizadas politicamente em favor da primazia de algumas das frações sobre as outras. Para além da mudança quantitativa e da luta sob e pelo poder político, é a descoberta de uma forma política especificamente estatal, necessariamente capitalista, que permite uma ciência sobre a política e sua materialidade relacional social. Marx fornece, aqui, os instrumentos mais decisivos para a apreensão da dinâmica interna da política no capitalismo, permitindo que se compreendam as estabilidades da reprodução sob as instituições, mas também os golpes e as rupturas. Para além da administração e dos administradores e suas classes e frações, descobre a forma política estatal, inexoravelmente capitalista.

\* \* \*

A reflexão sobre Estado, política e direito encontrará seu auge em *O capital*, publicado em 1867. Não porque essa obra se dedique especificamente a tais assuntos – historicamente, uma das hipóteses na disputa sobre como seria o projeto completo de Marx para *O capital* envolve considerar que ele dedicaria um dos volumes não escritos inteiramente ao Estado. *O capital* é a mais importante obra sobre o Estado e o direito na medida em que desvenda, na própria lógica do capital, os elementos necessários e fundantes de sua sociabilidade e sua reprodução. A mercadoria é seu núcleo – lastreado, em especial, na universalização do trabalho assalariado como mercadoria –, que estabelece uma totalidade social calcada nas formas do valor, da subjetividade jurídica e do apartamento da política em face dos agentes da produção. O Estado e o direito aí encontram sua natureza social estrutural. Não se trata apenas de procurar quem os controla, nem tampouco a luta por eventuais ganhos parciais em suas bases. Estado e direito são, irremediavelmente, manifestações do capital.

Exatamente na externalidade ao tratamento do assunto do Estado e do direito reside a importância científica central de *O capital*. Isso porque o Estado e o direito não podem ser pensados a partir de si próprios. Eles não têm história própria, como Marx já apontava em *A ideologia alemã*, e, assim sendo, é preciso desvendar quais categorias científicas têm história própria e são determinantes, explicando com isso tais fenômenos sociais determinados.

A descoberta do valor a partir do trabalho, suas formas e manifestações históricas, e a nucleação de todo esse processo na mercadoria, tendo por lei geral a acumulação, levam Marx a compreender o direito como elemento central da própria dinâmica capitalista. As mercadorias não se trocam por si mesmas no mercado. É preciso que seus portadores assim o façam. Descobre Marx que, no capitalismo, a principal mercadoria é a força de trabalho do trabalhador, pois é a única que permite a extração de mais-valor. Quando a submissão do trabalho ao capital se torna plena, mediante não só o controle formal do trabalhador e dos meios de produção pelas mãos do capitalista, mas em especial com o controle sobre o saber na produção, tornando o trabalho mero dispêndio indistinto de energia e tempo, dá-se a subsunção real do trabalho ao capital. O trabalho assalariado se torna, então, plenamente mercadoria. Exatamente aqui se levanta a subjetividade jurídica como elemento científico decisivo do direito. A extração de mais-valor do capitalismo é contratual, mediatizada pelo vínculo jurídico entre as partes. As explorações escravista e feudal eram de submissão direta. É uma relação entre subjetividades mediante um liame de juridicidade, então, que perfaz as relações capitalistas. O que constitui o campo relacional do direito não é a apreensão de mérito sobre o conteúdo a que se orientam as vontades, mas apenas a forma social de liberdade negocial e igualdade entre partes a partir das quais estas se vinculam, para qualquer conteúdo. Quando se fala em forma jurídica, um jurista tradicional pensa numa forma normativa; o marxista, a partir de Marx em *O capital* – e também depois a partir de Evguiéni B. Pachukanis, o principal teórico do direito do marxismo –, pensa em forma de subjetividade jurídica, ou seja, uma forma de relação social entre os agentes da produção pela qual ambos se jungem voluntariamente para a exploração de um pelo outro, considerando-se ambos iguais e livres para a desigualdade e a submissão.

Ainda da fase mais importante do pensamento de Marx são os textos reunidos em 1875 sob a alcunha de *Crítica do Programa de Gotha*. O programa para a união dos partidos de trabalhadores alemães, que gerariam o futuro Partido Social-Democrata da Alemanha, acabou por privilegiar, em detrimento das alas ligadas a lutadores mais à esquerda, como August Bebel, a ala ligada a Ferdinand Lassalle. A proposta de tal partido tornou-se, então, bastante situada dentro de uma atuação institucional, sob o Estado, e não em confronto com ele. Marx, que tomava posição distinta à dos anarquistas, confrontava-se ao mesmo tempo com as posições estatalistas. Era necessária uma ditadura do proletariado, que, dialeticamente, tomasse o Estado de modo revolucionário para destruí-lo, bem como para ultrapassar o modo de produção capitalista em busca do socialismo. Aqui, Marx sustenta uma das posições científicas mais avançadas e refinadas sobre a natureza capitalista da forma estatal e da forma jurídica, permitindo contrapor-se até mesmo aos horizontes de justiça capitalista – disputa por distribuição das riquezas – para vislumbrar uma etapa de justiça socialista na qual de cada qual seria cobrado de acordo com suas capacidades e a cada qual seria dado de acordo com suas necessidades.

\* \* \*

Após a morte de Marx, Engels buscou consolidar alguns dos escritos marxianos que em vida não haviam sido completados. *O capital*, cujo Livro I fora publicado e mesmo traduzido sob supervisão de Marx, restava inconcluso nas partes que resultariam nos Livros II e III, os quais Engels finalizou e deu a lume em 1885 e 1894. Além disso, alguns apontamentos e estudos para futuras obras de Marx foram assumidos por Engels como projetos seus. Um deles, envolvendo questões de antropologia, redundará em *A origem da família, da propriedade privada e do Estado*, publicado em 1884 e revisado em 1892. Ideias do antropólogo estadunidense Lewis Henry Morgan servem de base às reflexões de Engels. A sequência histórica das sociedades humanas, da selvageria e da barbárie à civilização, proposta por Morgan, é lida por Engels reconhecendo, em algumas sociedades selvagens, sociabilidades comunistas. À chamada civilização, no entanto, correspondem as sociedades da apreensão dos meios de produção por alguns contra a maioria, com uma dominação política estatal e com uma organização social nucleada na família e no patriarcado. A civilização, louvada na ordem política institucionalizada, na família e na propriedade, é justamente a sociedade da exploração, contra a qual as lutas devem se levantar, em busca do socialismo. Nesse livro, ainda, a leitura de Engels se destaca sobremaneira por contar uma história das sociedades não linear: a passagem dos modos de produção não se faz por fluxo inexorável, mas por lutas, contradições, crises, inesperados factuais, pelo encontro de condições e situações variadas.

No que tange ao Estado, *A origem da família, da propriedade privada e do Estado* o considera um produto das sociedades nas quais se dá a divisão social da apropriação dos meios de produção. A política se institucionaliza para consolidar nas mãos dos exploradores os produtos econômicos ensejados pela exploração dos trabalhadores submetidos, isso tanto no escravismo e no feudalismo quanto no capitalismo. Em assim procedendo, Engels opera uma leitura inespecífica sobre o Estado. Este é tomado como uma forma de relação política em todas as sociedades de divisão de classes, e não somente na sociedade capitalista. Se escravismo e feudalismo têm política e mesmo instituições, estas, no entanto, não são totalmente apartadas do mando direto dos detentores dos meios de produção. A leitura de Engels, ao expandir o âmbito das sociabilidades políticas estatais, perde a especificidade capitalista de suas relações e determinações. O mesmo se dá com o direito quando trata da propriedade privada. Escravismo e feudalismo são, efetivamente, modos de produção de domínio dos meios de produção de uns contra a maioria, mas isso é uma apreensão privada, não a propriedade privada enquanto mercadoria disponível mediante forma jurídica e transacionada na interação contratual entre sujeitos, respaldada por um ente político terceiro, estatal, que só se dá no capitalismo. Então, em *A origem da família, da propriedade privada e do Estado*, também o direito é tomado de modo historicamente inespecífico.

Esse livro do Engels velho, que aqui se ocupou de estabelecer uma compreensão geral da política para além do capitalismo – extrapolando-o para alcançar os marcos da chamada civilização –, mesmo reconhecendo o fim do Estado com o fim da divisão entre as classes, será de muito gosto de leituras posteriores como a do stalinismo, no século XX, na medida em que a proposta engelsiana do Estado tomado de modo ampliado e inespecífico permitiria pensar um passado pré-capitalista estatal e, também ainda, sob uma torção teórica bastante indevida, um futuro socialismo também estatal, como se deu com o caso soviético de um autodeclarado "Estado socialista". Ao fazer o Estado ser considerado *ad retro*, para aquém historicamente do capitalismo, abre-se a imprecisão científica que, com a sobreposição de mais uma torção, permitiria considerar o Estado *praeter et ultra*, para além do capitalismo.

Ainda em vida de Marx, mas em especial depois de sua morte, um reformismo de esquerda buscou enfraquecer a plenitude da compreensão comunista sobre a política. No combate a tais teses reformistas – encarnadas, então, na figura do jurista Anton Menger –, Engels e Kautsky escrevem em 1887 *O socialismo jurídico*. Aos que advogavam os ganhos sociais por meio de reformas no direito e no Estado (os chamados socialistas jurídicos), Engels e Kautsky opõem a natureza estruturalmente capitalista das formas estatal e jurídica. Somente a superação de tais formas pode fazer cessar a exploração de classe. O domínio do direito e do Estado não tem de ser tomado pela classe trabalhadora como uma meta final de sua luta: acima de tudo, a forma jurídica e a forma política estatal têm de ser extintas, permitindo, então, que os trabalhadores apropriem diretamente os meios de produção e se organizem, social e politicamente, de modo livre e autônomo. O socialismo é, necessariamente, a superação das formas sociais do capitalismo.

*O socialismo jurídico* é uma carta-patente de uma luta revolucionária que se reafirmava contra detratores próximos. O próprio Kautsky, que escreveu tal texto com Engels quando ainda era jovem, com o passar do tempo se tornará uma espécie de símbolo maior do reformismo jurídico, a ponto de ser depois alcunhado, por Lênin, de "renegado". Desde o século XIX, passando por todo o século XX e chegando ao século XXI, o combate ao marxismo se faz não só pelos seus opositores capitalistas – a direita – mas também pelas esquerdas, que, não sendo revolucionárias, defendem melhorias e incrementos mediante a luta dentro das formas sociais do capitalismo. Assim, pleitos por um Estado democrático, participativo, inclusivo, respeitador da legalidade, ou demandas por mais direitos, passam a ser bandeiras reformistas capitalistas contra as revoluções socialistas.

\* \* \*

No percurso de tais obras político-jurídicas de Marx e Engels, revela-se a passagem de uma crítica de esquerda, quase romântica, do jovem Marx à chegada ao nível teórico mais profundo na reflexão sobre o Estado e o direito na reprodução capitalista: suas formas sociais são inexoráveis ao capital, porque são correspondentes diretas da forma valor e da mercadoria. Em tal horizonte reside a mais profunda crítica de nossos tempos à sociedade capitalista, e a partir dela deve se estabelecer o marco teórico e prático das lutas transformadoras. Tal moldura, no entanto, foi disputada nos tempos posteriores a Marx e Engels. Já no século XIX o socialismo utópico e o reformismo se contrapunham ao socialismo científico e à revolução propugnados pelo marxismo. O século XX começa com o apogeu das lutas reformistas, até que as revoluções socialistas, como a russa, começassem e tomassem vulto. Desde então, o debate se desdobra em variados matizes.

Em livros como *Filosofia do direito*, proponho que, pós-Marx, o marxismo possa ser pensado historicamente a partir de algumas linhas: a da Segunda Internacional e de seu reformismo; a das lutas revolucionárias que começam com a Revolução Russa e se ampliam em outras revoluções no mundo no decorrer do século XX; a do marxismo "ocidental"; a do "novo" marxismo. Tais fases apresentam leituras próprias sobre a forma política estatal e a forma jurídica.

Na virada do século XIX para o XX e no início deste, o grande campo das lutas políticas e operárias institucionais e reformistas se agrupou sob as diretrizes da Segunda Internacional. Tal movimento, em que pesem seus variados modelos, notabilizou-se pelas disputas por dentro do Estado e do direito. O socialismo jurídico é seu arcabouço mais nítido, em contraposição direta ao marxismo político e jurídico. De outro lado, a experiência revolucionária soviética e os múltiplos debates e disputas daí advindos marcam uma posição relativamente consequente. Para Lênin, em *O Estado e a revolução**, publicado em 1918, o Estado haveria de definhar com o aprofundamento do socialismo. Lastreado em *O capital*, o expoente máximo da reflexão marxista sobre o direito, Pachukanis, escreve *Teoria geral do direito e marxismo***, de 1924, obra na qual a forma jurídica é compreendida cientificamente como forma de equivalência entre sujeitos na exploração e no contrato, devendo então ser extinta com a superação do capitalismo. Com Pachukanis, a teoria marxista do Estado e do direito chega ao auge. No entanto, contra tal leitura vigorosa e radical insurgem-se os momentos posteriores da revolução soviética e dos países de experiências similares: o stalinismo afirmará um Estado e um direito socialistas como caminhos ordenados e institucionalizados de passagem de um modo de produção a outro. Pachukanis é morto pelas suas ideias. Num diapasão distinto, ainda no âmbito prático das revoluções socialistas, após Pachukanis, o vigor da leitura crítica sobre a forma política estatal e sobre a forma jurídica talvez tenha despontado mais na China, com Mao Tsé-Tung, no tempo da Revolução Cultural. Aqui, então, buscou-se superar a burocracia de Estado como forma apropriada de transição.

O posteriormente chamado marxismo "ocidental", em suas variadas vertentes, preferiu as obras de juventude de Marx àquelas de maturidade. *O capital* ficou menos ressaltado em face das plataformas teóricas que buscavam resgatar uma espécie de humanismo reformista, que também se ocupava de uma política "ética" ou da valorização dos direitos humanos. Ao seu cabo, experiências como as do eurocomunismo demonstravam a falência de tal marxismo, que acabou subsumido à política liberal dos Estados capitalistas. Contra esse movimento de aproximação da política marxista ao liberalismo, leituras que resgatam a obra científica de Marx e sua radicalidade começam a ressurgir na década de 1960, com Louis Althusser e seus discípulos, como Étienne Balibar, mas também, na Alemanha, com as análises sobre o valor em pensadores como Hans-Georg Backhaus e Helmut Reichelt. Em vertentes próximas, os debates sobre a derivação do Estado, a partir da década de 1970, em

---

\* Trad. Paula Vaz de Almeida e Avante!, São Paulo, Boitempo, 2017. (N. E.)
\*\* Trad. Paula Vaz de Almeida, São Paulo, Boitempo, 2017. (N. E.)

especial com Joachim Hirsch, e investigações como as de Umberto Cerroni, Toni Negri, Bernard Edelman e Márcio Bilharinho Naves, resgatando de variados modos as ideias de Pachukanis, retomam as posições críticas de Marx e Engels contra as formas do Estado e do direito. Ainda em outros diapasões, vertentes como a da nova crítica do valor, com Robert Kurz, também fazem tal apropriação radical e científica em relação à forma política estatal e à forma mercadoria.

No momento presente, florescem muitas leituras críticas marxistas sobre o Estado e o direito, várias das quais incorporo especialmente em *Estado e forma política*. Em mais um momento de crise estrutural do capitalismo, é fundamental que as lutas não tenham por horizonte nem salvá-lo nem reformá-lo, mas sim superá-lo. A ciência de Marx e Engels sobre a forma política estatal e a forma jurídica várias vezes se encontrou criticamente com a realidade: um dia permitirá a escrita perene de uma nova sociabilidade.

## Referências bibliográficas

ENGELS, Friedrich. *A origem da família, da propriedade privada e do Estado*. Trad. Nélio Schneider. São Paulo, Boitempo, 2019.

_____; KAUTSKY, Karl. *O socialismo jurídico*. Trad. Livia Cotrim. São Paulo, Boitempo, 2012.

_____; MARX, Karl. *A ideologia alemã*. Trad. Luciano Cavini Martorano, Nélio Schneider e Rubens Enderle. São Paulo, Boitempo, 2007.

_____; _____. *Manifesto Comunista*. Trad. Álvaro Pina e Ivana Jinkings. São Paulo, Boitempo, 1998.

HEGEL, Georg W. F. *Princípios da filosofia do direito*. Trad. Orlando Vitorino. São Paulo, Martins Fontes, 1997.

LÊNIN, Vladímir I. *O Estado e a revolução*. Trad. Paula Vaz de Almeida e Avante! São Paulo, Boitempo, 2017.

MARX, Karl. *O capital*: Crítica da economia política, Livro I: *O processo de produção do capital*. Trad. Rubens Enderle. São Paulo, Boitempo, 2013.

_____ *Crítica ao Programa de Gotha*. Trad. Rubens Enderle. São Paulo, Boitempo, 2012.

_____. *O 18 de brumário de Luís Bonaparte*. Trad. Nélio Schneider. São Paulo, Boitempo, 2011.

_____. *Sobre a questão judaica*. Trad. Nélio Schneider e Wanda Nogueira Caldeira Brant. São Paulo, Boitempo, 2010.

_____. *Os despossuídos*. Debates sobre a lei referente ao furto de madeira. Trad. Mariana Echalar e Nélio Schneider. São Paulo, Boitempo, 2007.

_____. *Crítica da filosofia do direito de Hegel*. Trad. Rubens Enderle e Leonardo de Deus. São Paulo, Boitempo, 2005.

PACHUKANIS, Evguiéni B. *Teoria geral do direito e marxismo*. Trad. Paula Vaz de Almeida. São Paulo, Boitempo, 2017.

# A crítica à família e os estudos antropológicos de Engels
Marília Moschkovich[*][1]

"Eu e Marx somos parcialmente responsáveis pelo fato de que, por vezes, nossos discípulos dão mais peso ao fator econômico do que ele realmente tem", escreveu Friedrich Engels em uma carta a Joseph Bloch em setembro de 1890[2]. O fenômeno identificado nesse pequeno trecho epistolar parece assombrar ainda hoje o campo do debate marxista – e talvez hoje ainda mais do que na ocasião. Diante de debates em torno das relações de gênero e sexualidade, da família, do racismo, da condição das pessoas com deficiência em nossa sociedade, da ecologia e outros, há também em nossa época aqueles que retomam essa velha

---

[*] Socióloga-antropóloga, mestra e doutora pela Universidade Estadual de Campinas (Unicamp), pesquisadora de pós-doutorado no Núcleo de Estudos sobre Marcadores Sociais da Diferença (Numas) do Departamento de Antropologia da Universidade de São Paulo (USP), e docente colaboradora da Faculdade Latino-Americana de Ciências Sociais (Flacso). (N. E.)

[1] Com a minha gratidão ao trabalho de Erick Leal, Ioná Ricobello e Raphael Peres.

[2] Friedrich Engels, "Ein Brief von Friedrich Engels", *Der Sozialistische Akademiker*, n. 19, 1895, p. 351-3. Disponível em: <http://library.fes.de/sozmon/pdf/1895/1895_19.pdf>. Acesso em: 10 dez. 2020.

máxima criticada por Engels: o fator econômico seria a questão por excelência do marxismo e do mundo capitalista, sendo todas as demais simplesmente acessórias. Curiosamente (ou nem tanto), Engels segue suas reflexões explicando que não houve "tempo, espaço ou ocasião" para tratar com justiça os demais aspectos que compõem a vida social, diante de um contexto político e intelectual no qual os opositores dos comunistas (a burguesia) negavam a própria determinação econômica (ainda que não absoluta) da sociedade de classes.

Não é surpresa, diante dessa passagem biográfica do autor, que tal incômodo seja ao menos parte do pano de fundo da produção de trabalhos como *Dialética da natureza*[3] e *A origem da família, da propriedade privada e do Estado*[4]. Tampouco espanta constatar a relevância dessas obras no debate marxista contemporâneo: o contexto pós-crise de 2008 parece ter acirrado as tensões e contradições próprias das relações sociais no mundo capitalista, especialmente nos países emergentes; uma reorganização das linhas de tensão da geopolítica globalizada colocou em xeque o modelo do bem-estar social, abriu espaço para o ressurgimento de respostas autoritárias de governança nacional em todo o mundo e acirrou as diferenças programáticas entre direita e esquerda. Nesse cenário, após duas décadas (1990 e 2000) de posicionamentos tímidos, o marxismo parece recuperar uma posição central no debate público no Brasil e no mundo; além disso, é possível afirmar com algum grau de segurança que estamos vivendo uma espécie de renascença marxista (na mesma medida em que ressurgem posições reacionárias dentro da esquerda). Nesse contexto, as temáticas que Marx e Engels não tiveram "tempo, espaço ou ocasião" para desenvolver em sua época vêm sendo pivôs no campo de debates e disputas comunista, socialista e marxista, obrigando o próprio marxismo a se reconfigurar e se reinterpretar. As relações de gênero e os debates em torno da instituição familiar, *locus* privilegiado do trabalho de reprodução social e da divisão desigual do trabalho doméstico, têm sido especialmente fortes nessa reconfiguração.

Assim, retornar às contribuições clássicas de Engels implica um movimento duplo: por um lado, é necessário resgatar suas contribuições relativas a tais temas e fenômenos, fazendo mediações com a maneira como esses fenômenos ocorrem na atualidade; por outro, devem ser considerados os acúmulos da teoria social e da própria teoria marxista que ocorrem nos 130 anos que separam

---

[3] Idem, *Dialética da natureza* (trad. Nélio Schneider, São Paulo, Boitempo, 2020).

[4] Idem, *A origem da família, da propriedade privada e do Estado* (trad. Nélio Schneider, São Paulo, Boitempo, 2019).

seus escritos sobre a natureza ou a família e as comemorações de seu bicentenário hoje. O materialismo histórico, método dialético proposto por Marx e Engels, é a coreografia que orienta esse balé. Com esse objetivo, procurei neste texto articular as relações de Engels com a antropologia, contextualizando a produção de *A origem da família, da propriedade privada e do Estado* e observando o alcance, a potência e os limites do trabalho do autor hoje, no que diz respeito tanto à compreensão das relações sociais como à ação política.

## Engels, um antropólogo *avant la lettre*?

Abordar a relação entre Engels e a antropologia pressupõe abordar também as relações entre o marxismo e a antropologia. Numa publicação voltada para o público marxista, e que está em geral mais próximo do marxismo do que da antropologia, é necessário levantar alguns pontos importantes sobre essa disciplina das ciências sociais e humanidades. Há uma série de confusões importantes nos diálogos entre o marxismo – ou melhor, entre marxistas – e a antropologia, por diversos motivos, alguns dos quais servem como ponto de partida para este texto. Nem sempre, afinal, o termo "antropologia" é usado com rigor no campo marxista, o que se explica por alguns fatores históricos que ficarão mais evidentes ao longo deste texto.

Especialmente entre as décadas de 1970 e 1990 foram publicados diferentes trabalhos que traziam tentativas de refletir sobre essas aproximações entre marxismo e antropologia[5]. Com o fim da Guerra Fria e a queda da União das Repúblicas Socialistas Soviéticas (URSS), as relações interdisciplinares, teóricas e científicas com o pensamento marxista nas universidades parecem ter se reconfigurado. Em parte pelo impacto ideológico, mas sobretudo, talvez, pelo impacto econômico dessa nova ordem e pela inserção nas universidades e nos movimentos sociais de novas linhas e abordagens que não necessariamente apontavam para uma ruptura revolucionária com o modo de produção capitalista (embora tampouco claramente o defendessem), privilegiadas pelas agências financiadoras para o debate e investigação de fenômenos sociais. No

---

[5] Alguns exemplos de trabalhos dessa época são Maurice Bloch, *Marxism and Anthropology: The History of a Relationship* (Oxford/Nova York, Oxford University Press/Clarendon Press, 1983) e *Marxist Analyses and Social Anthropology* (Nova York, Wiley, 1975); e Bridget O'Laughlin, "Marxist Approaches in Anthropology", *Annual Review of Anthropology*, v. 4, 1975, p. 341-70. Disponível em: <http://www.jstor.org/stable/2949362>.

caso de países como Brasil, Argentina ou Estados Unidos, que sofreram ações diretas de extermínio, perseguição e prisão de lideranças intelectuais marxistas, socialistas e comunistas durante a Guerra Fria, houve ainda o impacto concreto de suas ausências no espaço de produção científica das ciências sociais e humanidades. Embora esses fatores não esgotem a complexidade desse fenômeno, é possível identificar que possam ter tido papel central em certo isolamento da intelectualidade marxista nesse meio, ao passo que outras abordagens para fenômenos sociais diversos nas ciências sociais e humanidades pareciam avançar os estudos de fenômenos e hipóteses que algumas determinações ideológicas do campo marxista, carregadas do espaço de disputa política para a produção científica, não pareciam permitir.

Possivelmente como efeito do acirramento das tensões sociais após a deflagração da crise de 2008 e sua consequente reorganização econômica global (marcada pelo terremoto no modelo do bem-estar social e pela precarização da vida), revoltas populares e movimentos sociais recuperaram em diversos países críticas sistêmicas e radicais ao modo de produção capitalista. No Brasil, esse processo teve seu estopim em 2013 com as revoltas de junho. Não é surpresa que, desde então, os setores revolucionários da esquerda socialista e comunista tenham crescido, ainda que tenham menor alcance do que a esquerda não revolucionária e a direita. É nesse cenário que surgem e ressurgem tanto no espaço político como no científico tentativas cada vez mais recorrentes de novas sínteses entre marxismo e antropologia (e, de certa forma, novas sínteses entre marxismo e outros saberes/campos em geral). Por exemplo, as contribuições de David Graeber, autor de *Dívida: os primeiros 5.000 anos*[6] e outros textos que colocam em diálogo comunismo, anarquismo, marxismo e antropologia, ganharam destaque após sua inserção no movimento Occupy Wall Street, que teve projeção global.

Operar essas novas sínteses, porém, implica reconhecer as relações anteriores entre marxismo e antropologia e, como princípio, implica nos perguntarmos de qual antropologia Engels e Marx estavam falando. Na história das ciências sociais e humanidades, Heilbron[7] propõe chamá-las, tal como as entendemos hoje, ciências sociais e humanidades "disciplinares", ressaltando que, embora certas formas de teoria social e saberes das humanidades existam desde a Antiguidade, a maneira de produzir conhecimento nessa área

---

[6] David Graeber, *Dívida: os primeiros 5.000 anos* (trad. Rogério Bettoni, São Paulo, Três Estrelas, 2016).

[7] Johan Heilbron, *The Rise of Social Theory* (Cambridge, Polity Press, 1995).

alterou-se significativamente a partir do fim do século XIX, com a progressiva organização em disciplinas que se reconhecem, cada uma com métodos e objetos próprios, com seu próprio conjunto de práticas e corpo teórico de referência (cânone). Sobretudo após a Segunda Guerra Mundial, houve também uma intensificação da institucionalização das ciências sociais e humanidades e da ciência em geral, ou seja, o estabelecimento de normas e padrões gerais sobre as práticas profissionais e as instituições, como as universidades. Nesse sentido, é importante observar que tanto Marx quanto Engels escreveram antes desses processos, sendo no máximo próximos dos estágios iniciais da elaboração da antropologia como a conhecemos hoje. O próprio campo da economia política tinha articulações entre o que hoje separamos como economia, filosofia, ciência política, sociologia... Daí a dificuldade de classificar alguns autores como o próprio Marx nos termos de hoje.

Até a década de 1950, a antropologia era normalmente classificada como mais próxima das ciências naturais. Em lugares como o Brasil, em que a antropologia social se tornou o ramo mais forte e disseminado da antropologia, essa afirmação pode soar bastante estranha aos ouvidos (e olhos) dos leitores, o que não ocorreria em outros países, como a vizinha Argentina, em que a antropologia forense é bastante popular (sobretudo pelo trabalho com a recuperação de ossadas das vítimas do regime militar). Essa diferença também nos lembra que o espaço científico e o espaço de produção de teoria social e debate intelectual variam conforme o contexto nacional, assim como suas correlações internas de forças. No caso dessa mudança na década de 1950, foi no mundo anglófono (sobretudo nos Estados Unidos e no Reino Unido) que as proposições de Evans-Pritchard intensificaram e consolidaram a resposta atual que demos a essa tensão (afinal, a que domínio pertence a antropologia?): a antropologia é parte das ciências sociais e humanidades, estando mais próxima da sociologia, da história, da filosofia etc. do que da biologia ou da química.

Escrito em período anterior a essa configuração da disciplina, *A origem da família* faz aproximações hoje já obsoletas entre o método de análise das sociedades não europeias, a teoria social em geral e as ciências naturais e exatas. Trabalhar a partir do que já havia sido estabelecido nesses domínios (naturais e exatas) foi uma das estratégias de fundação das ciências sociais, e de sua busca por reconhecimento enquanto domínio científico, e é uma marca de época na construção dos textos de Engels e Marx de forma geral. Em seu projeto de elaborar uma teoria social que desse conta de explicar rigorosamente os fenômenos sociais que observavam, tanto um quanto o outro estabeleceram pontes e diálogos com a produção da época, operando debates sistemáticos em torno de uma infinidade de assuntos, sempre mediados pelo método do materialismo histórico. Seu debate com a antropologia não é exceção: ambos se interessaram pelas primeiras sistematizações mais rigorosas da antropologia, feitas ainda no século XIX.

Marx é quem primeiro toma contato com *A sociedade antiga*[8], livro de Lewis Henry Morgan com o qual Engels dialoga diretamente em *A origem da família*. Entre o primeiro contato com a obra e sua morte, em 1883, Marx sistematiza algumas ideias sobre o trabalho de Morgan, compondo o rascunho utilizado por Engels como base para a elaboração de seu livro. *A origem da família* foi escrito justamente com o objetivo proposto inicialmente por Marx de apresentar uma análise de *A sociedade antiga* que fosse mediada pelo materialismo histórico[9].

Cabe notar também, de início, que a publicação de livros na época, junto com panfletos curtos, artigos de jornal e transcrições de discursos, era central para colocar ideias no debate público. Se hoje temos formas ágeis e mais pontuais (e superficiais) de criar uma esfera pública de debate, como as redes sociais, isso evidentemente não é verdade para o século XIX. O lugar que hoje ocupam textos de blogs, redes sociais e mídias independentes no debate público antes era tomado pelos livros. Ao ter seu trabalho publicado, Morgan lança os resultados de suas pesquisas na esfera pública do debate intelectual. Nesse contexto, é possível dizer que, elaborando *A origem da família* em resposta a Morgan, e publicando essa resposta em livro, Engels tinha três objetivos manifestos: (1) recuperar e avançar reflexões iniciadas por Marx sobre o tema; (2) trazer uma perspectiva mediada pelo materialismo histórico para esse debate; e (3), com sorte, perturbar as ideias correntes e conservadoras na Alemanha de Bismarck sobre a família e sua relação com a origem do capitalismo na Europa, rompendo com a ideia de que tanto família quanto propriedade privada e Estado são instituições naturais e imutáveis. Quanto a esse último objetivo, a lei antissocialista

---

[8] Lewis H. Morgan, *Ancient Society, or Researches in the Lines of Human Progress Form Savagery through Barbarism to Civilization* (Chicago, Kerr, 1877) [ed. port.: *A sociedade primitiva*, trad. Maria Helena Barreiro Alves, 3. ed., Lisboa, Presença, 1980].

[9] Sobre a complexidade biográfica das relações entre as notações de Marx e as contribuições de Engels sobre Morgan, ver Lucas Parreira Álvarez, "As 'tramas' do testamento: Morgan, Marx e Engels", *Blog da Boitempo*, disponível em: <https://blogdaboitempo.com.br/2019/04/09/as-tramas-do-testamento-morgan-marx-e-engels/>; *Flechas e martelos: leituras de Marx e Engels da obra* Ancient Society *de Lewis Morgan* (mestrado em direito, Belo Horizonte, Faculdade de Direito-UFMG, 2019); William H. Shaw, "Marx and Morgan", *History and Theory*, v. 23, n. 2, 1984.

de Bismarck proibia que qualquer obra de Engels fosse publicada no país. Essa proibição fez com que Engels buscasse um editor suíço, que topou publicar o texto sem o nome do autor na capa. Dessa forma, o livro passaria por mais uma obra a respeito da história da família sob uma perspectiva conservadora para a época e poderia circular e ser vendido na Alemanha. A estratégia teve sucesso e, assim que a lei antissocialista caiu, a obra de Engels já era conhecida e lida na Alemanha, ganhando uma edição própria no país.

A antropologia tem, desde os seus primórdios, uma dialética inerente ao seu processo de investigação e interna às suas pesquisas e descobertas, baseada nas tensões entre norma e prática, entre simbólico e real e, nos termos da época, entre natureza e cultura. Interessados em questionar os discursos correntes no século XIX, que se apoiavam em determinismos diversos para sustentar o senso comum de que a ordem das coisas sob o capitalismo seria a ordem natural das coisas, Marx e Engels rapidamente se interessaram em abordar as descobertas antropológicas e utilizá-las como ferramentas para refletir sobre o capitalismo enquanto condição específica na história. Mas quais eram as grandes descobertas e inovações da antropologia e do trabalho de Morgan, em particular, que chamaram a atenção de Marx e Engels?

## Contribuições dos primórdios da antropologia ao marxismo de Engels

Em grande medida, essa articulação entre antropologia e materialismo histórico é marcada pela europeidade, tanto nos traços de sua história quanto nas afirmações e elaborações teóricas em questão. A antropologia, na época, não dispunha de rigor metodológico próprio, ferramentas sistemáticas de trabalho, práticas padronizadas, reflexões éticas etc. Na prática, europeus se serviam largamente de seus privilégios coloniais para viajar e produzir relatos, e esses relatos eram usados por pessoas como Morgan, Marx e Engels para tentar compreender os mais diversos fenômenos sociais. Lembramos aqui que aproximarem-se, em seus métodos, das ciências naturais era uma estratégia importante para que as ciências sociais fossem reconhecidas como ciências; o grande objetivo dos estudos sociais na época era tentar encontrar "leis gerais" de funcionamento das sociedades humanas, e Marx e Engels não são exceção.

Sobretudo, esse material dos relatos de viajantes era visto pelos europeus como uma espécie de chave que lhes permitiria decodificar a história da humanidade (e, por humanidade, eles queriam dizer, na verdade, a Europa). Essa é uma posição intrinsecamente ligada aos princípios do evolucionismo (ou darwinismo) social, um conjunto de ideias eurocêntricas, coloniais e racistas, que aplicam às sociedades humanas e aos fenômenos sociais os princípios propostos por Charles Darwin para a evolução biológica das espécies. Nesse modo de pensar, haveria uma linha progressiva de evolução entre diferentes formas de sociedade, sendo evidentemente a dita "civilização" europeia a mais complexa e avançada, e as demais sendo classificadas como primitivas ou semiprimitivas, de acordo com princípios estabelecidos por europeus à sua imagem e semelhança. Por esse motivo, tanto Morgan quanto Marx e Engels tomavam como certo o pressuposto de que estudar o funcionamento de uma sociedade "primitiva" era como espiar pela fechadura um passado geral, genérico e abstrato da humanidade.

Há enormes problemas, erros e fragilidades em toda afirmação que se baseia cegamente no darwinismo social, como hoje sabemos. Contudo, esse conjunto de princípios para pensar as relações entre povos e sociedades humanas, e a própria história, era o que havia de mais inovador em termos de ferramentas de teoria social para as incipientes ciências sociais – e a antropologia, com elas – da época. O eurocentrismo nem sequer era uma questão naquele momento, porque era tudo o que existia em termos de estudos sociais e de ciências sociais e humanidades "ocidentais". Na nossa época, porém, seria um erro desconsiderar o impacto e os limites de teorias construídas sobre princípios coloniais, eurocêntricos e muitas vezes também racistas. Isso não significa recusar as contribuições de autores europeus e de produções de tais épocas, mas ressalta a necessidade de apontar esse eurocentrismo, encará-lo e entender suas implicações, sobretudo para nós, no Brasil.

O que significa, no Brasil de 2020, ler autores, obras, teorias que foram elaboradas a partir desse cenário? Certamente não somos europeus. No entanto, seria um erro idealista dizer ou querer acreditar que apenas por não sermos europeus o conhecimento produzido sobre e para a Europa não nos afeta, não nos molda, não nos conforma. O projeto colonial consistiu na exportação do modelo capitalista, base sólida da globalização que ocorreu séculos mais tarde. Mais do que isso, a forma de organização social necessária ao funcionamento do capitalismo também foi exportada. Nosso universo simbólico não é o mesmo do universo simbólico europeu, mas, sem sombra de dúvida, a "matriz" de nossas categorias, sistema de parentesco, gênero, linguagem etc. é europeia. As minorias étnicas que são exceção a essa regra também não escapam do confronto e da mistura direta com tal matriz, uma vez que coexistem sob o mesmo Estado, guardião e defensor desses princípios.

Dizer que o trabalho de Engels é eurocêntrico, dessa maneira, significa dizer que ele serve substancialmente para que possamos compreender a nossa realidade, a história de nossas ideias, a matriz sobre a qual ganharam corpo diversas de nossas formas sociais. Significa dizer também que ele, sem sombra de dúvida, não esgota nem seria capaz de esgotar as análises das relações sociais que atravessam e compõem a instituição familiar, o Estado e a propriedade privada no Brasil contemporâneo. Daí a importância ainda maior do trabalho de autoras e autores marxistas em mais de um século após a morte de Engels (e o mesmo pode ser dito sobre Marx), atualizando, reinterpretando, compondo, ampliando a partir de suas contribuições, sempre por meio do materialismo histórico e sempre por meio de um olhar atento para as relações sociais e fenômenos do presente. Por princípio, uma vez que o materialismo histórico é um método dialético, nenhuma análise marxista foi, é ou será definitiva, a-histórica e encerrada em si mesma.

É justamente a força desse método que Engels emprega no diálogo com Morgan, em *A origem da família*. A publicação do trabalho de Morgan instiga, porque inicia justamente uma tensão com um dos aspectos do eurocentrismo antropológico da época, aproximando os europeus dos povos ditos "primitivos", o que para muitos era uma verdadeira ofensa. Em *A sociedade antiga*, Morgan procura demonstrar a tese de que os povos americanos vieram da Ásia. Sendo estadunidense e servindo-se dos relatos coloniais ingleses, o autor parte de sua familiaridade com os iroqueses para observar sistemas de parentesco entre eles. Nesse processo, identifica que as categorias de parentesco iroquesas são outras e operam de forma diferente daquelas europeias (mãe, pai, filho, sobrinho, irmão, tio, tia, primo de terceiro grau etc.). Sua hipótese é a de que, se na Ásia houver sistemas de parentesco e categorias que operam de forma semelhante às iroquesas, então é de fato possível que os povos americanos tenham vindo da Ásia. Essa descoberta inicial de que o restante do mundo não categoriza as relações de parentesco entre as pessoas da mesma forma que os europeus é um dos aspectos da obra de Morgan que chama a atenção de Engels. Afinal, isso implica afirmar que até mesmo as relações que parecem mais fortemente marcadas pela biologia – instinto sexual, procriação, formação de grupos humanos para sobrevivência – são produto de processos históricos, econômicos, políticos. Na esteira dessa observação de forma mais ampla, outras características são ressaltadas por Engels de maneira inovadora, como a noção de que o vínculo sexual e o casamento são duas coisas distintas e podem ser operados de diversas maneiras em articulação uma com a outra, dependendo de cada sociedade.

## Família, Estado e as ferramentas contemporâneas de análise

Um dos eixos de *A origem da família*, é claro, é a análise materialista histórica da instituição familiar – circunscrita aos limites da época, já mencionados anteriormente, mas valiosa enquanto contribuição metodológica e conjunto de teses iniciais para uma abordagem marxista do tema. Tanto os primeiros antropólogos quanto os primeiros materialistas históricos e marxistas tinham em comum, no século XIX, o propósito científico de desconstruir mitologias do senso comum sobre a ordem supostamente natural do mundo. Se a ciência moderna, enquanto filosofia, nasce da inquietação em procurar entender a ordem do mundo (ou, diríamos hoje, em procurar ordenar o mundo de forma a abarcar o máximo possível o inabarcável real), as ciências sociais e humanidades disciplinares nascem da tentativa de provar que a ordem social é distinta da ordem natural, ou seja, que a ordem social não é dada e não pode ser estudada ou justificada pela natureza ou pelas ciências naturais. As mais interessantes contribuições de Engels a partir do trabalho de Morgan e de outros autores da época são justamente aquelas que caminham nesse sentido.

Um dos pontos mais significativos de *A origem da família*, em relação a isso, é a percepção e a afirmação de Engels de que as normas que operam em diferentes sociedades em relação ao parentesco e no modo como as pessoas são posicionadas nessa teia de relacionamentos internos a um "clã" e entre "clãs" (como dito na antropologia, sobretudo até a primeira metade do século XX) não abarca completamente as práticas das pessoas, embora seja uma espécie de bússola que orienta a interpretação sobre essas práticas. Hoje é relativamente comum na antropologia e na sociologia fazer essa distinção na observação de normas e práticas sociais, mas na segunda metade do século XIX essa não era uma divisão óbvia; a ideia não estava dada. Dessa forma, é possível entender tanto Morgan quanto Engels como pioneiros desse tipo de análise. Essa percepção, em especial no caso de Engels, pode estar ligada a experiências do autor que ultrapassam suas leituras sobre antropologia.

Engels nasceu, cresceu e viveu em uma família burguesa. Isso significa que todo o universo normativo do casamento europeu, voltado para a burguesia, era parte de seu universo: herança, transmissão de bens, casamentos arranjados, dotes etc. não eram experiências distantes de sua realidade. Por conta de sua posição política e envolvimento militante, porém, ele conviveu diretamente com o universo proletário e suas outras formas de organizar os laços sociais, o afeto, a sexualidade, o casamento. Sua primeira companheira de vida foi Mary Burns, uma proletária analfabeta de origem irlandesa que rejeitava o universo do romance e do contrato de casamento, entendendo-os como pertencentes à lógica burguesa e aristocrática. Mary, Engels e Elizabeth (Lizzie), irmã de Mary, viviam juntos e uma recomposição dos significados e práticas ligados ao casamento na classe trabalhadora na Inglaterra naquela época permite arriscar a hipótese de que Engels se relacionava eventualmente também com Lizzie. Após a morte de Mary, Engels e Lizzie passaram a se mostrar publicamente como casal e, logo antes de Lizzie falecer, ela e Engels se casaram, possivelmente por questões burocráticas ligadas ao direito ao enterro e rituais fúnebres religiosos. Não apenas de origem proletária, Mary e Lizzie eram ambas militantes socialistas fenianas, e considera-se que Lizzie foi uma das responsáveis pela aproximação de Eleanor Marx, filha mais jovem de Karl, com o movimento irlandês (a contragosto do pai, que julgava os métodos fenianos demasiado violentos).

Com o acúmulo das historiadoras e antropólogas feministas ao longo do século XX, além de esforços diversos para se compreenderem as relações de classe em diferentes momentos da história europeia, hoje sabemos que a narrativa histórica tradicionalmente feita sobre as instituições em geral pauta-se nas normas e nos documentos escritos, como leis, decretos etc. – o que não era acessível à classe trabalhadora de forma maciça e muito menos às mulheres proletárias. Algumas formas de recompor a história da família tomam as normas como meras descrições das práticas concretas das pessoas – algo que o próprio Engels indica não ser verídico em outros contextos, como já mencionado anteriormente –, assumindo que dotes, casamento em celibato, herança e outros fenômenos sociais eram parte da vida familiar europeia de modo geral. Isso é pouco provável, a partir dos relatos, sistematizações etc. mais recentes, que levam em conta justamente as variações de classe nas experiências de vida doméstica e familiar. O mesmo pode ser dito para a moral – há indícios de que, entre a classe trabalhadora, algumas liberdades morais eram possíveis em diferentes períodos, mesmo sob forte influência religiosa.

A própria percepção de que a permissividade ou a rigidez com as normas sociais e jurídicas sobre a família variam em função da classe é uma observação sagaz de Engels em *A origem da família*. Essa perspicácia foi recuperada mais recentemente por Mariza Corrêa em "Repensando a família patriarcal brasileira"[10], como discutido no posfácio à edição mais recente da referida obra

---

[10] Mariza Corrêa, "Repensando a família patriarcal brasileira", *Cadernos de Pesquisa: Revista de Estudos e Pesquisa em Educação*, n. 37, 1981, p. 5-16. Disponível em: <http://publicacoes.fcc.org.br/ojs/index.php/cp/article/view/1590>. Acesso em: 5 maio 2021.

no Brasil[11]. Em seu texto, Mariza Corrêa parte de uma crítica às perspectivas de Gilberto Freyre e Antônio Cândido sobre a história e a formação social da instituição familiar no Brasil, para a qual Engels é peça-chave. Antropóloga, a autora analisa a questão em torno da tensão entre norma, norma jurídica/ dominante e práticas concretas, segundo diferentes classes e grupos sociais, questionando o pressuposto de que o Estado e as ações do Estado, no Brasil colonial, chegavam efetivamente ao grosso da população (o que sabemos ser pouco provável, improbabilidade esta documentada por ela nesse texto). Esse acúmulo torna obsoleta a narrativa do senso comum sobre a família que toma uma suposta "família patriarcal" como modelo "original" da instituição familiar, a qual teria sido "reduzida" progressivamente à medida que a urbanização e a divisão social e sexual do trabalho foram se alterando.

Essa narrativa, que ainda povoa o senso comum marxista, tem outros problemas em termos de falta de rigor científico e documental: não apenas toma por universal a experiência e a construção simbólica de "família" que é típica e específica da classe burguesa, como também considera universal e linear o desenvolvimento do capitalismo, partindo exclusivamente da história capitalista europeia. Além do mais, ignora as diversas forças sociais e tensões históricas no contexto colonial – entre elas, a construção racista das imposições acerca de modelos normativos de família, os conflitos em torno de certas funções, como a de amas de leite, empregadas domésticas que vivem no local de trabalho, junto com as famílias a que servem e distante de suas famílias (aquela que é "como se fosse da família" no dizer popular marcadamente racista no Brasil), babás e outras funções desempenhadas quase exclusivamente por mulheres negras.

A partir do acúmulo na área de estudos de gênero, sobretudo do fim do século XX e início do século XXI, trabalhos mais recentes da antropologia da família[12] têm apontado justamente para os descompassos, ainda hoje, entre as formas concretas de viver as relações familiares e de parentesco e os modelos normativos e jurídicos das famílias no Brasil, sobretudo no que diz respeito ao seu atravessamento pelo trabalho – ainda que o cotidiano seja balizado

---

[11] Marília Moschkovich, "Entre marxismo, feminismo e antropologia", em Friedrich Engels, *A origem da família, da propriedade privada e do Estado*, cit., p. 165-74.

[12] Heloisa Buarque de Almeida, "Família e relações de parentesco: contribuições antropológicas", em: José Sérgio Carvalho (org.), *Direitos humanos e educação para a democracia* (Petrópolis, Vozes, 2004), p. 224-46; Suely Kofes et al., *Colcha de retalhos: estudos sobre a família no Brasil* (São Paulo, Brasiliense, 1982); Claudia Fonseca, "Família e parentesco na antropologia brasileira contemporânea", em Carlos Benedito Martins (org.), *Antropologia* (São Paulo, Anpocs/Discurso/Barcarolla, 2010), p. 457-87.

necessariamente pelo modelo normativo, justamente por meio do Estado (inclusive quando utiliza como ferramenta sua ausência ou abstenção).

Esses acúmulos foram possíveis graças também a revoluções epistemológicas importantes na própria antropologia, em especial os chamados "novos" estudos de parentesco, que se iniciaram a partir da década de 1980, inspirados pelo trabalho de David Schneider[13], e contam com contribuições importantes de autoras como Marilyn Strathern[14] e Janet Carsten[15]. O que esses novos estudos de parentesco fazem é voltar o olhar antropológico e mobilizar o ferramental teórico da antropologia de parentesco para um novo objeto: o parentesco ocidental contemporâneo. Até então, a linha dominante de estudos de parentesco, próxima à etnologia, tomava como objeto central os sistemas de parentesco das sociedades anteriormente chamadas de "primitivas".

A centralidade desse tipo de objeto de estudo e análise foi desdobramento de outra posição epistêmica conformada nos primórdios da antropologia: a de que os sistemas de parentesco desempenhavam, nas sociedades sem Estado, o papel do Estado. Mesmo em outras áreas das ciências sociais e humanidades, essa ideia foi sustentada por muito tempo, em especial até a primeira metade do século XX (aliás, é também dela que parte e se alimenta a teoria weberiana sobre os tipos puros de dominação, por exemplo). A própria ideia de "ser humano em estado de natureza" dos contratualistas das primeiras teorias iluministas do Estado, como Rousseau, pode ser entendida como base epistemológica dessa tradição. Não é pouco significativo, então, que Engels parta (ainda que com muitos limites, como vimos) dos princípios de análise de Morgan para observar a instituição familiar europeia sob o modo de produção capitalista. É justamente por operar esse movimento analítico que Engels associa o casamento a uma estrutura econômica também para a sociedade europeia – algo que só era e foi feito durante décadas pelos europeus ao analisar outras sociedades. Na esteira dessa análise entram, para Engels, as questões ligadas à divisão sexual do trabalho, que tornaram *A origem da família* um clássico não apenas entre feministas marxistas e socialistas, mas também para os estudos feministas e estudos de gênero de forma mais ampla.

---

[13] David Murray Schneider, *American Kinship: A Cultural Account* (2. ed., Chicago, University of Chicago Press, 1980).

[14] Marilyn Strathern, *After Nature: English Kinship in the Late Twentieth Century* (Cambridge, Cambridge University Press, 1992).

[15] Janet Carsten, *After Kinship* (Cambridge, Cambridge University Press, 2007).

## Referências bibliográficas

ALMEIDA, Heloisa Buarque de. Família e relações de parentesco: contribuições antropológicas. In: CARVALHO, José Sérgio (org.). *Direitos humanos e educação para a democracia*. Petrópolis, Vozes, 2004. p. 224-46.

ÁLVARES, Lucas Parreira. As "tramas" do testamento: Morgan, Marx e Engels. Disponível em: <https://blogdaboitempo.com.br/2019/04/09/as-tramas-do-testamento-morgan-marx-e-engels/>. Acesso em: 14 dez. 2020.

_____. *Flechas e martelos:* leituras de Marx e Engels da obra *Ancient Society* de Lewis Morgan. 2019. Dissertação (mestrado em direito) – Faculdade de Direito, Universidade Federal de Minas Gerais, Belo Horizonte.

BLOCH, Maurice. *Marxism and Anthropology*: The History of a Relationship. Oxford/Nova York, Oxford University Press/Clarendon Press, 1983.

_____. Marxist Analyses and Social Anthropology. Nova York, Wiley, 1975.

CARSTEN, Janet. *After Kinship*. Cambridge, Cambridge University Press, 2007.

CORRÊA, Mariza. Repensando a família patriarcal brasileira. *Cadernos de Pesquisa: Revista de Estudos e Pesquisa em Educação*, n. 37, 1981. p. 5-16. Disponível em: <http://publicacoes.fcc.org.br/ojs/index.php/cp/article/view/1590>. Acesso em: 5 maio 2021.

ENGELS, Friedrich (org.). *A origem da família, da propriedade privada e do Estado*. Trad. Nélio Schneider, São Paulo, Boitempo, 2019.

_____. *Dialética da natureza*. Trad. Nélio Schneider, São Paulo, Boitempo, 2020.

_____. Ein Brief von Friedrich Engels. *Der Sozialistische Akademiker*, n. 19, 1895. p. 351-53. Disponível em: <http://library.fes.de/sozmon/sak/somo-ak-1895.html>. Acesso em: 10 dez. 2020.

FONSECA, Claudia. Família e parentesco na antropologia brasileira contemporânea. In: MARTINS, Carlos Benedito (org.). *Antropologia*. São Paulo, Anpocs/Discurso/Barcarolla, 2010. p. 457-87

GRAEBER, David. *Dívida:* os primeiros 5.000 anos. Trad. Rogério Bettoni, São Paulo, Três Estrelas, 2016.

HEILBRON, Johan. *The Rise of Social Theory*. Cambridge, Polity Press, 1995.

KOFES, Suely et al. (orgs.). *Colcha de retalhos:* estudos sobre a família no Brasil. São Paulo, Brasiliense, 1982.

MORGAN, Lewis H. *Ancient Society, or Researches in the Lines of Human Progress Form Savagery throught Barbarism to Civilization*. Chicago, Kerr, 1877 [ed. port.: *A sociedade primitiva*. Trad. Maria Helena Barreiro Alves, 3. ed., Lisboa, Presença, 1980].

MOSCHKOVICH, Marília. Entre marxismo, feminismo e antropologia. In: ENGELS, Friedrich. *A origem da família, da propriedade privada e do Estado.* Trad. Nélio Schneider, São Paulo, Boitempo, 2019. p. 165-74.

O'LAUGHLIN, Bridget. Marxist Approaches in Anthropology. *Annual Review of Anthropology,* v. 4, 1975. p. 341-70. Disponível em: <https://www.annualreviews.org/doi/abs/10.1146/annurev.an.04.100175.002013>. Acesso em: 5 maio 2021.

SCHNEIDER, David Murray. *American Kinship:* A Cultural Account. 2. ed. Chicago, University of Chicago Press, 1980.

SHAW, William H. Marx and Morgan. *History and Theory,* v. 23, n. 2, 1984.

STRATHERN, Marilyn. *After Nature:* English Kinship in the Late Twentieth Century. Cambridge, Cambridge University Press, 1992.

Primeira página do *Vorwärts*, periódico da social-democracia alemã no qual os textos contra Dühring, de Engels, foram publicados originalmente.

Publicado em 2021, 135 anos após a redação dos escritos contra Dühring, que dois anos depois seriam publicados como o *Anti-Dühring*, primeira grande obra de divulgação da concepção marxista da história, este livro foi composto em Adobe Garamond Pro, corpo 11/13,3, e impresso em papel Avena 80 g/m² pela gráfica Rettec para a Boitempo, com tiragem de 5 mil exemplares.